増補新版

英語への旅

世界を席巻する言語の正体

ジュヌヴィエーヴ・エルヌフ

Geneviève ERNOUF

一葉社

はじめに

　私の旅はオルレアンから始まります。オルレアンはパリから汽車で1時間ちょっと、人口は10万ちょっとの町です。オルレアンはスコットランドのダンデイー市と姉妹都市になり、私は11歳の時から毎年、夏休みの1カ月をダンデイーのパーク家で、英語を習いながら過ごしました。

　14歳の時に、私の学校（カトリック系）が、埼玉に住むイエズス会の司祭様から、日本の高校生が英語での文通相手を探している、という手紙を受け取りました。私は躊躇せずに応募しました。その文通相手が須賀川（福島県）のジュンコさんです。

　このようにして、私の「英語への旅」は、日本への心の旅と共に始まりました。ヨーロッパの辺境にあるスコットランドと、世界の辺境にある日本への旅です。

　私は大学に入って、日本人留学生モトコさんの「日仏語交換教授求む」の貼り紙を見て、すぐに彼女に会いに行き、日本語を習い始めました。それからは倹約してお金を貯め、仙台で開催された国際会議を口実に渡日し、ジュンコさんに会い、それからは何度も日本に行って九州から北海道まで旅し、ジュンコさんと、帰国したモトコさんには何度も会いました。

　私の「英語への旅」は、専門書や雑誌や新聞を読みながら、自分の経験も入れた旅であり、一般庶民の素人の眼から見た「英語への思い」と「日本への思い」の旅です。ですので、この「英語への旅」

は、英語を母国語としないヨーロッパ人の眼から、英語の歴史的な流れを眺めてみる事と、英語や言葉に関する私の経験を述べたものです。

　特に気を惹かれたのは、英語を母国語とする国々の間での、表面に現れない協力活動です。それに、英語はヴィールスみたいな生物で、常に姿を変えて行く事です。英語の学習に関して注意すべきは、幼年または若年から英語を学習させても、それは後年での英語力の水準を上げる事を保証しないらしく、また、母国語をちゃんと会得すれば、それが英語の会得をも容易にする、という研究結果です。

　そうすると、いま日本で考えられている、まだ国語も充分でない幼い頭脳に英語の会話まで教え込もうとするのは、日本の政治エリートの国際コンプレックスから生じた、単なる思い付きのような気にもなります。なまじっか米国で英語を齧ったエリートにより、日本の教育全体が、将来は英語で商売する一部の商売エリートの為に計画され、圧倒的に大多数の日本人の立場、日常には日本語しか使わず英語は補足として読むに過ぎない大衆の立場が犠牲にされ、伝達の言葉に過ぎない英語力でエリートとそうでない国民に篩い分けられるような危惧さえ感じます。

　このような、英語を話さないと生きていけない小国みたいな、小国根性を捨てて、もっと母国語を、16世紀にフランシスコ・ザヴィエルが述べた悪魔の言葉「日本語」を利用する風潮を作って貰いたいな、と思う気にもなります。

ジュヌヴィエーヴ・エルヌフ

増補新版　英語への旅
世界を席巻する言語の正体

目　次

装丁・松本進介

増補新版

英語への旅

英語の世界化、ジャンヌ・ダルクの罪?

「ドイツ人がフランス語を話せば、英語になる」

　デヴィッドのこの言葉に、私は初め意表を突かれましたが、彼が真面目にそう言う顔を見て、満更これは例の、イギリス人の麻酔的なペテンかけではあるまいと思い、それから私は、英語とドイツ語とフランス語の相互関係を考えるようになりました。

　私とデヴィッドは、普通なら巡り合わないまま人生を終わるだろう、異なる世界に住んでいましたが、ある日突然に、こんな幸運が訪れたのは、お互いにしばしば日本に旅行するせいでした。

　私がデヴィッドと出会ったのは、東京の羽田空港で、彼がパキスタン航空の係員と交渉している時でした。何語かで呟いている係員に、デヴィッドはあまりにも穏やかに話しているので、日本人みたいに、天候の話でもしているのかと思いました。しかし、後ろで順番を待つ私と連合いを無視し、いつまでも話し続けるので、私は皮肉を込めて、

「日本の気候の事ですか、それともパキスタン?」

　と介入しました。その時デヴィッドはニコリともせずに、

「パキスタンの気候です」

　と、まず答え、それから私を見据え、付け加えました。

「ただ、そこ行きの飛行機に乗れなくなったのです。貴女も恐らく乗れないでしょう」

　私は慌てて、自分の席の番号を言いました。デヴィッドは、

「同じことです。パキスタン航空は急に300人の団体の申し込みを受けたので、全ての予約席を解約し、その団体を乗せる事にしたの

です」

　私は酷い仕打ちだ、と思いました。私は大学の授業が待っているので、どうしても明後日にはパリに着かなければなりませんでした。相手のあまりの勝手さに私は腹が立ち、係員に食ってかかりました。相手の係員も、客に対する礼儀も忘れ、私に食ってかかり、捲し立てました。

　"＃＄％＆！"

　係員の英語は酷い訛で、しかもシャクな事に流暢で、私は何も分からないまま、叫び返しました。

　「いくら経済の問題だとしても、それは酷い！　私は貴社を信用して券を買いました。そんな客をどう思っているのですか！」

　思ってもいなかった事が口から出て来ました。係員はデヴィッドには示していた丁重さも忘れ、私を女だと思って馬鹿にしている！でも私も、相手が回教徒であり、回教文化では女性は男に口出ししてはいけない事を忘れていました。

　私の連合いは、生まれながらに平和な性格で、私の横にいて、

　「何事も、仕方がない時は仕方がないよ」

　と最初から諦めています。その時にデヴィッドは私に向かって、

　「まあ、私が交渉しますので、任せてください。私と彼は同じ『コモンウエルス』に属し、同じ女王を崇める仲間です」

　故意かどうか、相手に聞こえるのも憚らずにそう言って、係員に向き直り、ゆっくりと静かに説得を始めました。しかし係員は上から命令されているらしく、すぐにうまく行く訳はありません。デヴィッドは腰掛ける椅子がないので、代わりに相手の事務机に肘を付き、師匠が弟子を宥めるように、再びゆっくりと、諭すように話し始めました。デヴィッドの言っている内容は、私にもよく分かりま

11

した。

　係員はデヴィッドに促されて上司に電話し、それを切って首を振り、喚き始め、更にデヴィッドに急かされ、また受話器を取り上げ、見えない相手と何か話した後、今度は受話器をデヴィッドに渡しました。こうしてデヴィッドは係員の上司と、直々の討論を始めました。私にはそこ迄は聞こえませんでしたが、デヴィッドは受話器を係員に渡して、

「品川の高級ホテルに1泊させてくれ、明日の飛行機のビジネス級で目的地まで運んでくれるそうです。何もないよりはましだ」

　と言いました。私はその時に、イギリス人が外国人と対応する賢い態度を学びました。それは、頼る言葉は英語しかないので、それを、声を少し喉の奥に含め、焦らずにゆっくりと話すのです。しかも、誰が正しく誰が誤っているか、という原則を主張するのではなく、自分がどんなに困るか、それだけを説明し、良い結果を弾き出す為にだけ、努力しているのです。そしてイギリスが、「コモンウエルス」という英語圏の慈善団体の宗主国である事も、大きく働いたのでしょう。

　その少し前に、私はパリで、イギリス人のジョンとアイルランド人のオードレーと知り合っていました。(※下線については34頁参照。)
2人は仕事がなく、パリでは当てもなくブラブラしていましたが、突然に2人から、結婚式の披露宴への招待状を受け取ったのです。

　披露宴はイギリス南西部のプリマス市の近くで行われるというので、私はフランス側のブーローニュ港から夜行の船に乗り、翌朝にプリマスの町に着きました。この町の港は1620年に、イギリスで宗教迫害を受ける人々が、アメリカへ入植する為に、メイフラワー号で出航した事で知られています。まだ夜明け前でしたが、私はそ

の記念碑がないかどうか、キョロキョロと探し始めました。しかし、それらしい物を見つける前に、車で迎えに来ていたオードレーの母親に見つけられてしまい、有無を言わさずに、車に入れられてしまいました。

　ジョンの両親は、お城とも言える大きな家と領地の中に住んでいました。人は「ロード・マイケル」と呼んでいましたが、それが公爵を意味するのか、裁判官を意味するのか、国会議員を意味するのか、遂に聞き出す事が出来ませんでした。

　例によってイギリスは悪い天気で、7月初めだというのに空は曇って時々霧雨が落ち、海風のせいで肌寒く感じた程でした。酒宴中で人の気が緩んだ頃、私はこのお城と庭を評価したくて、何気なく周りに眼をやっていました。ちょうどその時、餌を嗅ぎ付けたのでしょう、2匹の野兎が庭園の端の草むらをかき分けて現れ、我々を見止めて立ち止まり、戸惑ってキョロキョロと頭を回しました。すると、どこからか出てきた黒い大きな犬が吠えだし、野兎は庭園に立っている我々の足元を潜って四方八方に走り回り、裏の林の中に飛び込んで、消えました。ジョンはそんな場面には慣れているようで、机の上のサンドイッチに手を伸ばしながら、私に言いました。「この披露宴が終れば、オードレーと2人で、すぐに日本に出発する」

　私は少なからずビックリしました。パリで放蕩な生活を送っていたジョンとオードレーを、日本と結びつける事が、どうしてもできなかったからです。

「京都で、英語の先生の口を探す」

　私はこのお城とジョンを見比べ、何となく愉快になりました。今は、こんな家族の子弟でも仕事を探さなければならない、民主主義

の世の中なのか！　しかも日本がそれを助けるとは！

　その時に私は、英語を母国語とする人たちの最後の砦を感じました。それは東洋、特に、英語に執心する日本なのです。

　当時は20世紀の終わりで、日本に住んでいるイギリス人は、ドイツ人とフランス人とイタリア人を合わせた人数より多かった時代です。イギリス人は本国の忌まわしい天候を避ける事ができるばかりか、本人にちゃんとした教育がなくても、自分は英国人だと宣言するだけで、払いがよくて自由な時間を作り易い英語教師の職が、いとも簡単に見つかった時代でした。

　さて、その日の私たち3人は、航空会社の車で品川のホテルに運ばれました。私の連合いは飛行場に私を見送りに来ただけでしたが、この機会を利用し、もう1晩だけ私と一緒に過ごそうとしたのです。

　要領がよく分かりませんでしたが、ホテルの案内係はまず、私の連合いを1つの部屋に案内し、中に押し込みました。それからデヴィッドと私を少し離れた別の部屋の方へ案内し、そこに導き入れてくれました。それは大きな立派な部屋で、2つの可愛い寝台が見えました。

「悪くないですね。貴女はそうは思わないかもしれないけど？」

　デヴィッドはひょうきんに目玉を回し、私の顔を見ながら言いました。私はすぐに、案内係に食ってかかりました。これも、私の連合いが日本人だったせいです。デヴィッドはすぐに自分の手荷物を掴み取って言いました。

「僕が貴女の友人の部屋に行って、彼と代わってきます」

　案内係は私とデヴィッドを夫婦とみなしたのか、または、ただ、欧州人2人を同じ部屋に入れて部屋代を安く上げようとしたのか、そこ迄はよく分かりませんでした。

　連合いが不愉快な顔をしてやって来たので、私はそれとなく接吻して上げ、一緒にホテルの部屋に入りました。錠を掛けようと振り返った時、錠の上方に日本語の掲示がありました、そのすぐ下に英語で大きく、

　"AUTO ROCK"

　と書いてあったので、私は咄嗟に腕を翳して頭を守り、扉の上を見上げました。盗みが入ると岩が自動的に上から落ちてくるのか、と思ったからです。連合いは私を見て変な顔をし、

「自動ロックだよ」

　と言いました。その発音からも、ロックは "L" と "R" の中間の響きで、一体どちらで始まるのか、ハッキリしませんでしたが、ハッと気が付きました。

「"AUTO LOCK" の事ね？　岩じゃなく、鍵のことね？」

　飛行場での事件により、私は再び、英語圏の威力と、相互の仲間感と、癒着の威力を感じました。しかしそれは他の国の犠牲の上に成り立っています。私たち３人はうまくやったのですが、他の座席を失ってしまった乗客たちはどうなったのでしょう？　世界がチャーチルの欲したように、英語圏の国により支配され、英語国の人たちは、ただ自分の国の言葉が話せるというだけで、世界を歩き回り、最終的にはどこかで英語の先生になれば食べていけるという、少しイビツな世界になってしまいました。

　デヴィッドも、その征服に加担している訳です。彼は私立の英語教育企業で働いており、東洋関係の責任者として日本に来ていました。私は連合いと日本に来ており、彼を残して日本を発つ瞬間に偶々、飛行場で巡り合った訳です。カラチへの飛行機では座席が離れていましたが、私は脚を慣らす為に時々立ち上がり、腕を組んで

通路を回って歩き、時々横目でデヴィッドを見やりましたが、彼はいつもスコッチの杯を手にして、何か考えながら窓の外を見ていました。その時は急に、とても老けて見えました。私が３度目に通った時に、デヴィッドはやっと私を認め、スコッチの杯を持って立ち上がり、頭で機体の後方を示しました。そして、２人で機体の後ろの踊り場に出ました。

「日本へは、よく行くのですか？」

　と、私は決まりきった質問をしました。

「よく行きますよ」

　彼も、心得ていて、又か、と言うようにスラリと答えました。

「なぜ？」

　その時は、彼は少し考えた後に答えました。

「僕の学校では、日本人が最も成績が悪いからです」

「日本語と英語では、言葉が違い過ぎるからでしょう？」

「中国人や韓国人も日本人に劣らない変わった言葉を話します。ところが、僕の学校で最も会話ができないのは、日本人なのです」

　機体が揺れ、席に戻るべき信号が出たので、私たちは来たばかりの通路を引き返しました。

　カラチはこの航空会社の否応なしの中継地で、私たちは空港バスで指定のホテルへ運ばれ、バスを降りると、途端に体が湯舟の中で泳ぎ、脳のテッペンが渇きを感じてカッとなり、私は急いでホテルの中に入りました。そこでは老人がコブラを操っていたので、私は急ぎ方向を変え、デヴィッドに追いつきました。このホテルに６時間滞在させられます。

　私が冷たいシャワーを浴びてホールに出ると、デヴィッドが庭にある大木の下の影、ハンモックの長椅子に半分寝そべって、乾き切

った灼熱の中で、スコッチを手にし、熱帯の広い庭園をボンヤリ見ていました。3種のカラス大の原色の鳥が、デヴィッドに期待し、しかし知らん顔をして、彼の近くをウロウロしています。

　私は覚悟し、庭に足を踏み出しました。不思議な事に、今さっきの湯舟の中のような暑さは感じず、あと5時間は残っているという、遁走旅人の不届きな喜びだけを感じました。私は鳥たちを驚かさないようにして庭園に出て行き、ヨーグルトを注文しました。大木の根本の近くには真っ赤な花房が私の背丈の2倍か3倍の高さまで埋まっており、自分が熱帯の真ん中にいることを感じました。大木の上の方の葉っぱが茂った箇所には、名も知らない大きな鳥が止まって、時々鳴き声を出していました。孔雀のように思えましたが、まさかと思い、給仕に聞いてみようと、周りを見回しましたが、彼は既に消えていなかったので、答えは諦めました。

　それには無頓着に、デヴィッドは真っ赤な花房を一面に支えた木を指さして言いました。
「ブーガンヴィリアの花ですよ」
「ブーガンヴィリア？」
「そう。フランス人の海洋探検家の名です。彼はスコットランド人のジェイムス・クックと争って、新しい領土を発見しました。領土ばかりか、この花を見つけ、ヨーロッパにまで持って来たのは、いかにもフランス人らしいな」

　遠くない席で新聞を読んでいた、立派な軍服姿の中年の男が立ち上がって、デヴィッドの長椅子に近づき、手を制帽に翳して私に挨拶した後、口髭の下からデヴィッドと話し始めました。この紳士は『クワイ川にかける橋』のアレック・ギネスを思わせました。この暑い国で、軍服と制帽と口髭を見れば、皆がそう見えるのかも知れま

せん。デヴィッドは急に私に振り向き、かみ砕いたような英語で聞いてきました。

「貴女も来ませんか？」

「エ？」

「大佐はこれから車で町に出るけど、もし町を見たいなら少し案内してもよい、と誘ってくれました。大佐はこの町の事をよく知っているそうです」

　私は大佐の車に乗るのか、と思っていましたが、そうではなく、大佐は手慣れた合図で、通りかかった流しを呼び止めました。確かに、こんなに乱雑な交通の中を自分で運転するのは、軍服では腕を回し難いのでしょう。大佐は助手席から引っ切り無しにデヴィッドに話しかけていましたが、流しは極端に混んだ区画に入り込み、3人はそこで降りる事になりました。私たちが宝石を売る店の前を通った時、大佐は店の中に向かって、店の主に大声で挨拶し、私とデヴィッドの方を向いて、

「この店は安くて良い石を売っています」

　と、初めて私に分かる英語で話してくれました。デヴィッドは全く興味を持っていませんでしたが、私は一応、興味を見せて店の中を見て回りました。それから、店の外に出ていたデヴィッドに追いつきました。次に、サリーを売っている布品の店の前を通った時にも、大佐は店の中に呼び掛け、中に入り、店の女主人と話し始めました。更に、もっと安そうな思い出品の店前を通った時も、大佐は店の主に声を掛けました。もうデヴィッドにも私にも、大佐が誰かが分かっていましたので、デヴィッドは店にも入りませんでした。私は大佐がかわいそうになって、店頭に飾ってある、安っぽい金属製の、底にアラビア数字が彫ってある皿を買いました。そして時間

18

が迫ったからと言って大佐に別れを告げ、デヴィッドと２人で流しを摑まえ、ホテルに戻りました。

　その後、デヴィッドはよくパリにも来て、そのたびに会っていました。彼はいわゆるイギリス人ですが、イングリッシュを話すイングランド人ではなく、同じイングリッシュを話すスコットランド人でした。ですので、イギリス人を指定する時は複雑で、下手にイングリッシュと言ってその人がスコットランド人やウエールズ人だったら、貴方の評判を落とすでしょう。

　その時に私は、キャスリン・ゼータ－ジョーンズの話を思い出しました。彼女はハリウッド女優で、暗い美貌のせいばかりか、かなり年上の俳優マイケル・ダグラスと契約結婚したことでも有名です。普通の結婚も契約の一種ですから、ことさら「契約」と強調するからには、最初から将来の離婚を見越し、離婚するときには幾ら払うとか、子供はどちらに属するとか、そんな条件が付いているはずです。更にダグラスは、ハリウッドの歴史的人物カーク・ダグラスの息子だという知名度もあります。そのゼータ－ジョーンズは意地悪な報道記者に訊かれました。

「大根女優と呼ばれるのと、イングリッシュ女優（イングランドの女優）と呼ばれるのとで、どちらが嫌ですか」

　彼女は即座に答えました。

「もちろん、イングリッシュ女優と呼ばれる方が嫌よ」

　彼女はグレート・ブリテン人とは言えても、イングランド人ではなく、ウエールズ人だからです。

　俳優のショーン・コネリーや、テニス・スターのアンデイ・マルレーも、まあ言ってみれば、

「イギリス万歳！」

と叫ぶ代わりに、

「スコットランド万歳！」

　と叫んでしまい、イングランド人から随分と顰蹙を買いました。スコットランドはイギリスの一部だから、イギリス（つまりグレート・ブリテン）万歳！と言うべきだ、と非難を浴びた訳です。

　グレート・ブリテンを成す３つの民族は、フットボールの国際試合では、今でもイングランド、ウエールズ、スコットランドの３つの民族に分かれて戦います。更にラグビーの５民族大会（最近はイタリアが加わって６民族）では、これら３民族の他にアイルランドとフランスが加わり、エルベのアングロ-サクソンのせいで分散した民族が再会して戦います。どの民族も、北ゲルマン人由来のイングランドを破ることに今でも密かな喜びを感じるようです。

　ラグビー戦ばかりかこれらのケルト系民族は、英語によって90％以上は死んでしまったケルト語のウエールズ語、スコットランド語、アイルランド語（エール語）を生き返らせようとして、懸命な努力を始めました。

　これらのことを考えると、日本語の「イギリス」という言葉にも問題があります。この言葉の響きからして、「イギリス」をついイングランド（地方の名）か、またはイングリッシュ（英語またはイングランド人）に繋げてしまうからです。わが国フランスも日本と同じ問題を持ち、イギリスのことをなぜか「アングルテール」、つまり「アングル族の土地」と呼ぶ習慣があります。実際には日本語で言う「イギリス」やフランスで言う「アングルテール」とは、イングランドの他にスコットランドやウエールズを含むので、そこの住民の「スコッテイッシュ」や「ウエルシュ」を「イングリッシュ」と呼んでしまうと、教育の程度を疑われてしまうのも仕方がありません。

「イギリス」という日本語はその内に「グレート・ブリテン」、更に正確には、後に獲得した北方アイルランドも入れて合衆王国 (United Kingdom)、又はその頭文字を取って「ユーケイ」へと訂正されるべきでしょう。

しかし人種的には「ブリテイッシュ」と呼べば、北方アイルランド人も入れた、いわゆる「イギリス人」一般を指す事になります。もっと簡単に「ブリトン」と言う事もできます。蛇足ですが、わが国のスモール・ブリテンに住む人達は、英国人の「ブリトン」と1音節の違いで、「ブルトン」と呼ばれます。後で述べるように、何れにしてもヨーロッパでは、人に助けを求めるときには注意しなければなりません。

デヴィッドはフランス語に苦労はしなかったのですが、私の前では必ず英語で話し、私が英語の用語で詰まった時に、彼が言った言葉で、私の心に残ったのがこれです。

「フランス語を英語式に発音してごらんなさい」

そして付け加えました。

「英語には、ほぼ同じことを言うのに、フランス語系の単語とドイツ語系の単語があり、フランス語の単語を英語式に発音すれば、英国人なら大概は分かる」

と言いました。彼はオックスフォード大学の卒業生で、その頃はそこの卒業生は皆がフランス語を話す、という事を私は知っており、

「それは貴男がイギリスでも1、2の大学を出たからでしょう？」

とお世辞を言いました。1、2の大学と言ったのは、ケンブリッジ大学の名誉も考えたからです。彼は即座に答えました。

「1、2じゃない。1番だよ」

イギリス人は偽善的だという評判があるのですが、この時に私は、

デヴィッドはそうじゃない、と思いました。しかし、その後に彼が、「僕がオックスフォードに入れたのは、モーツアルトのお陰だ。モーツアルトに関しては、僕は何でも知っていた。彼の音楽から、性格の厭らしさやフリー・メイソン会員での生活まで。それだけの事だったのさ」

と言った時、恐らくオックスフォードに入学できた理由を謙遜する為に言ったのだろうと思い、私はやっぱりそこに、ささやかな偽善性を感じました。しかしデヴィッドには、同郷人の俳優デヴィッド・ニーヴンを思わせる渋い魅力があり、嫌味は感じませんでした。

フランス人と英語に関しては、ジョン・ハリス氏の、こんな話も思い出します。英会話の試験でフランス人生徒が "I am leaving on a sheep" と言いました。何を言いたいのか、イギリス人の先生、最初は頭を傾げましたが、すぐに謎が解けました。フランスの生徒の言いたかった事は "I am living on a ship" だったのでしょう。そこで先生は、50点ぐらいは上げる気になりました。実際、アクセントを付ける箇所では、イギリス人は短く鋭く発音するのに、フランス人はフランス語の調子で、長く引きずるように発音する癖があるのです。

ハリス氏は、もしこれが日本人だったら、イギリス人の先生は日本語が分からないので、10点かそこらしか上げないでしょう、と言っています。これは、フランス語と英語みたいに近い言葉を話している、欧州人の間だけでの利点です。

ジョルジュ・クレマンソーはデヴィッドより、もっと極端で、既に100年前にこう言っています。

「英語、それはフランス語を下手に発音したに過ぎない」

クレマンソーは、医学を修めた後、若い頃にイギリスやアメリカ

に滞在し、アメリカ女性と結婚しました。後に政治家になり、第1次世界大戦中に首相になりました。ド・ゴールが第2次世界大戦でのフランスの英雄とみなされているように、クレマンソーは第1次世界大戦での英雄です。クレマンソーは私学校で法律を学んだ時に、パリに留学していた若い西園寺公望と同級生となって知り合い、また画家のモネとマネとも友達となり、ジャポニズムに傾倒していました。西園寺とは、お互いに首相となった後、1919年、第1次世界大戦後のパリ平和会議で再会しました。選ばれた者だけの使命と宿命があった、昔の良き時代の話です。

　クレマンソーは上記の言葉により、英語の一面をフランス人の立場から要約したかったのでしょう。彼は英語に堪能だったので、そういう資格もあったか、と思います。

　またその言は、1世紀後の研究が、ある程度は追認しているように思います。仏独共同研究（カラント・バイオロジイ誌）はこう言っています。

「フランス人の赤子は低い声で泣き始め、それから、早く高くなるのに対し、ドイツの赤子は高い調子で始め、終わりは低く遅くなる」

　これは胎児の時から母親の言語に慣れ、将来のフランス語とドイツ語の抑揚に合っている訳です。つまりは、ドイツ人とフランス人は生まれた瞬間から、泣き喚く調子が、将来の言葉の違いを表象しているようです。そして日本人には、一般に、ドイツ語調の方が英語調に近く、フランス人の話す英語より、ドイツ人の話す英語の方が分かり易いのが現実だと思います。

　歴史家のマルク・フルニー氏は、こうも言っています。

「イギリス人は、そうとは知らないままに、フランス語を話している」

彼は、非常に英語的に聞こえる単語でも、かなりはフランス古語が起源だ、と指摘しています。その幾つかを挙げてみます。

・世界でしょっちゅう使われ、英語らしさの象徴である表現 "very much" の中の単語 "very"（とても）は、フランス古語で「本当の」を意味する veray から。

・イギリス朝食の典型である toast（トースト）は toster（フランス古語で「焼く」）から。

・catch（捕まえる）は chacier（フランスのノルマンデイ古語で「動物を捕まえる」）から。

・bargain（取引または安売り）は bargaigner（フランス古語で「値切る時の躊躇」を意味する）から。

・petticoat（下スカート）は petit cotte（短いひだスカートの下に入れる物）から［語彙学のジャン・プリュヴォスト教授］。

・caterpillar（毛虫や、どこでも走れるトラクター）は chatte pileuse（直訳では「毛深い雌猫」）から。

　イギリス社会を象徴する敬称「サー」(Sir) でさえ、こんな変な綴りで書く理由は、古代フランスでの敬称 "Sieur" や中世フランスでの敬称シール (Sire) に由来しているせい。その女性版の「マダム」はフランス語そのまま。その後フランスでは脱貴族社会化が進み、革命で王様や貴族をギロチンにかけてからは、使う必要がなくなりました。今では、もし貴方が誰かに、改まって「ムッシュー」（つまり「私のサー」）または「マダム」（私のダーム）なんて呼びかけられようものなら、何か悪い事をしたのか、と一瞬ドキッとする時代になりました。

　フランスが 18 世紀の革命以来、公式には使わなくなった宮廷の言葉、つまりプリンス（皇太子）、デューク（公爵）、カウント（伯爵）、

バロン（男爵）などは、宮廷を温存した英国では、英語として堂々と使われています。

　これらはほんの１例であり、実際には英語はフランス古語の博物館みたいなものです。

　ただ、15世紀の百年戦争（1337年〜1453年）では、イギリス人の兵隊はフランス語で十分に会話でき、遠くからジャンヌ・ダルクと罵り合ったそうです。ジャンヌ・ダルク（1412年〜1431年）の活躍があり、百年戦争の末にイギリス人はフランスから追い出されました。

　さて、もしジャンヌ・ダルクがイギリス人を追い出していなかったら、今頃はどうなっていたでしょうか。今の英語はほとんどフランス語になっていたはずです。そしてイギリス人がアメリカに入植した時には、フランス語を使いながら入植していた筈です。ちょうどジャック３世の郎党がフランスで生まれた歌『ゴッド・セイヴ・ザ・キング』を謳いながらイギリスに上陸したように！　そしてフランス語は、アメリカの発展と共に、そしてアメリカが発展させたインターネットに乗って、世界中に広まっていた、とも思われます。少なくとも何人かの言語歴史家がそう述べています。

　現実には、百年戦争の後に英語はフランス語から遠ざかり、独自の道を歩くようになり、結局はサクソン語へ戻ってしまいました。

英語は鯨に乗って日本へ

　時は1844年の４月、フランスのテオドール・フォルカード神父はセシル提督の率いる小さなフランス軍艦に便乗し、中国から25日

の航海の後、沖縄の那覇に上陸しました。⁽¹⁾アメリカのマスュー・ペルリーの黒船が貿易を求めて浦賀に入港し、江戸幕府を脅かしたのが1853年と54年だから、フランスの軍艦はそれに10年も先んじて日本に入ろうとした訳です。ただ、当時の沖縄はまだ琉球王国だったはずで、日本の歴史に辛みを付けるには、フォルカード神父は寄港の場所と目的を間違えたようです。もしセシル提督の軍艦が江戸か上方に入港し、キリストではなく商売の話を始めていたら、世界は変わっていたかもしれません。

神父の入港した沖縄では、使徒達の船が停泊するや否や、6人の役人が検査にやって来た。役人達はみな中国語を流暢に話し、その内の2人が既に片言の英語を使いました。日本人は鎖国のせいで、その当時から外国人との会話に憧れていたのでしょうか？　実は当時の役人が、英語のカタコトを話せたのは、それほど不思議な事でもありませんでした。

日本の日本海側には黒潮と親潮が交わる点があり、そこには小エビ類が集まり、それを餌にする鯨が集まっていました。当時のアメリカやイギリスは、灯油として使う鯨の油を必要としており、鯨を捕獲する為、米国や英国の捕鯨船が日本海を横行していました。捕鯨船の鯨との闘争は漂流者を生み出し、西洋人船乗りが日本沿岸に流れ着き、鎖国中の日本側も、英語の分かる者が必要となっていたのです。

ハーマン・メルヴィルの小説『モビー・デイック』の船長エイハブは、ここで白鯨に片足をもぎ取られたことになっていますが、昔の捕鯨業は、とても危険な仕事でした。

捕鯨はもともとバスク人（スペインとフランスの大西洋に面した地方に住む人たち）が始めた職業で、既に11世紀から鯨を追い始めてい

ました。それに次いで、18世紀から20世紀にかけ、アメリカ人が捕鯨を世界的に広めました。アメリカからの捕鯨船は大きく、漁師たちは鯨の頭数で支払われ、船の上で解体し、大切な油を融解させ、髭と龍涎香を回収しました。当初は銛を折ったり、海中に失くしたりして、捕鯨率はあまりよくありませんでした。鯨は人間と同じ、賢い動物です。人間に好きなようにはさせず、追撃用に投げ込まれた小舟やボートを尻尾で転覆させたりもしました。ある鯨は銛を撃ち込まれると故意に岸壁を回り、最後には逃げ去り、捕鯨船に大損をさせたりもしました。傷ついた鯨は漁師の小舟を親船から遠くに誘い出し、または銛の綱を揺すって小舟を転覆させようとし、漁師は綱を手放さざるを得ない時もありました。鯨の2頭に1頭は、傷ついたまま逃げ延びたか、または行方不明になり、漁船が去った後に死んで浮かび上がって来ました。

1850年の後は、普通の鯨の記述は減り、主としてマッコウ鯨の記述に変わりました。その理由は、漁師が攝まえ易いメス鯨や子供鯨ばかりを攻撃し、普通の鯨の頭数が減ったからでした。しかし、その内に爆発銛や関節頭銛が発明され、捕鯨率も上がってきました（リチャード・ケメニー氏）。

なぜ大きな危険を冒してまで鯨を追ったか、というと、それは利益が大きかったからです。米国のマサチューセッツ州のニュー・ベッドフォードにあった捕鯨業の債権組合は、19世紀の間にわたって、捕鯨に出資すれば物凄く儲けて、年に60％の利益率がありました。1850年代には世界に約900の捕鯨船があり、その内の700はアメリカ製で、その内の70％はニュー・ベッドフォードから出港していました。それらの捕鯨船は日本海を横行し、よく漂流し、同時に英語を日本の島に上陸させたのです。

しかし石油が燃料として鯨の油に置き換わった時に、捕鯨業の大部分は消えてなくなりました。しかし、その時代の商売法は、現在のインターネットによる技術革命にも通じています。

　この現代の商売法の起源は、オランダやイギリスの東インド会社が、特定の製品または特定の場所での取引に関し、国から独占権を得て商売した事に始まります。オランダとイギリスの商売法にフランスが加わりました。会社は国から保証された立場のお陰で、株を公衆に売って商売の基金にし、現在の株式市場に繋がった訳です。これらの企業の経営者は職業人で、所有権の一部しか持っておらず、従業員は一般に株さえ持っていません。しかし、このような独占企業は政治との汚職を生み、これらの企業は国の助けを受けるまでに没落してしまいました。

　しかし捕鯨業の場合は国の保証がなく、経営者が大きな所有権を持ち、少数の外部株主がおり、経営者は彼らの利益を尊重しなければならず、船の買い付けから船員の雇用、鯨の販売まですべての責任を取りました。そして、株の売買はほとんどありませんでした。その事は、よりよい利益を上げる為に大きな動機を与えました。何だか、現代の創始者会社や家族会社を思わせます。しかし上記の東インド会社と同じように、アメリカの国が捕鯨業に、公衆に株を売って資金を調達するのを許してからは、その方式をとった会社は、消えてなくなりました。

　しかし、イギリスの英語は、独立したアメリカにより受け継がれ、その米語（アメリカ英語）は、捕鯨業に見られるように、アメリカが技術大国として発展すると共に、そして特に、２つの世界大戦のせいでアメリカの国力が増すと共に、世界中に広まることになります。

　英語はペルリーの黒船が到来する前に、捕鯨業と共に日本にやっ

て来ましたが、アメリカは捕鯨業の市場を荒した後に、さっさと足を洗いました。しかし日本は、鯨肉の魅力に取りつかれて捕鯨を続け、今は世界の批判の的になっているのは皮肉です。

「マックドナルズ」日本初の英語塾

　一方の太平洋側では、日本人船乗りや漁師が難船する事故が頻発し、そうすると黒潮に流され、漂流してアメリカ西海岸に流れ着きました。彼等は西欧の情報や英語の知識を持ち帰り、思いがけない英雄となりました。その内で有名なのが重吉、音吉、万次郎、彼等が難破したのは時代が少しずつずれ、それぞれ1813年、1832年、1841年。

　重吉は英船でアラスカ、露船でカムチャッカを回って帰国しましたが、アメリカ大陸に上陸した恐らく最初の日本人。

　音吉は1832年、13歳の時に宝順丸に荷物を積んで尾張から江戸へ出航しましたが、途中で暴風に会い、同僚たち14人と漂流し、太平洋を放浪し、3人だけ生き残り、アメリカに着きました。そこでアメロ－インディアンに拾われ、こき使われ、挙句の果てに、イギリス船へ売り飛ばされました。彼ら3人はイギリスに最初に上陸した日本人だと思われます。音吉は後にドイツ人宣教師と聖書を邦訳し、通訳ともなり、西洋女性（スコットランド女性）と結婚した最初の大和男かも知れません。シンガポールで病死する前に、息子に、自分の代わりに日本に帰るようにとの遺言を残しました。

　万次郎は高知の漁師で、1841年に漁獲船で太平洋の無人島に流れ着き、他の数人の漁師と共にアメリカの捕鯨船に救われ、アメリ

カに住んで勉学しました。救った船の船長のウイリアム・ウイットフィールドは万次郎をマサチューセッツの自分の家に連れて行って、彼を養子にしました。万次郎はそこに何年か滞在して、英語と数学と航海術を学びました。1851年に万次郎は鎖国中の日本に戻り、日本が開国した時に政府の通訳として雇われました。

　万次郎はウイットフィールドに救われた後に、ハワイで前記のメルヴィルとすれ違ったばかりか、1854年のペルリーの黒船の2度目の来訪のときに通訳をやり、後に東京大学の英語の先生にまでなりました。1870年の10月には日本政府の欧州派遣団に加わり、その途中でウイットフィールド船長の家を訪ねました。ウイットフィールド船長は1886年に亡くなりました。

　さて、音吉ですが、彼はヒョンな事から、日本で最初の英語学校の創設者を生むきっかけを作りました。その学校の名は "MacDonald's"。誰でも知っている軽食店と同じ名ですが、マックドナルドという姓は、スコットランドかアイルランドの典型的な一族の名前です。

　後で述べるカナダの「混血民族の国」マニトバでは、この国の英雄ルイ・リエルと同じ世代に、ルラナルド・マックドナルドが育っていました。彼は父親がスコットランド人、母親がアメロ－インディアン酋長の娘で、インディアンの間では彼等の祖先は太平洋を渡って来たという噂があり、マックドナルドは密かに日本に憧れていました。彼が10歳の時に、宝順丸という日本の船が漂流して今のワシントン州に流れ着きましたが、生き残っていたのは音吉、久吉、岩吉（それぞれ14、15、28歳）だけでした。

　この3人は一時だけマックドナルドの学校に生徒として滞在した（パトリック・バー氏）と言われますが、証拠はないようです。彼らが

英語を話せるようになり、語ったところによれば、3人は船で米と瀬戸物を将軍へ納めるためにいつものように尾張から江戸へ舟旅している時に、帆と舵を失い、14カ月の間、魚と雨水と残りの米だけを食べ飲みしながら太平洋を漂流しました。最初は14人でしたが、飢餓と疲労と病気で次々と死に、残った者は死体を樽に入れて海に流しました。当時は鎖国中だったので、西洋に接した3人は、もう日本に帰る事はできなくなっていました。

マックドナルドは噂から日本が鎖国中であり、上陸すれば死刑になるかもしれない事も知っていましたが、病が昂じ、家族にも友人にも内緒のまま、マニトバでの銀行員の快い身分を投げ捨てて水夫になり、何年も働きました。大西洋を横断する航海の仕事では、地獄的な現実を目撃しました。

「航海途中で、イギリスの巡回船が我々の船を抑留しようとした時、船長は罰金を避ける為に、アフリカ人達を海の中へ投げ捨てたのを見た。我はゾッとして、戦慄で体が震えたものだ」

その頃は、アメリカとイギリスは、既に奴隷制度を禁止していたからです。

1848年の夏、24歳の時、マックドナルドは日本近海へ出発する捕鯨船の水夫となる機会を得ました。そして船長と交渉し、北海道の沖に来た時、1人乗りボートで大海に放り出してもらいました。マックドナルドは難船した漂流者を装って日本に上陸したのです。

「後は日本人の人間性に任せるよ」

彼はそう呟きました。

マックドナルドは稚内近くの利尻島にボートを着けて上陸しましたが、すぐにアイヌに捕えられ、アイヌは本土へ連絡し、マックドナルドは最北端の宗谷に連行され、そこから北海道の松前藩や幾つ

かの手を経て、日本南端の長崎へ連れて行かれました。

　長崎への道中では、土地の民が背の高く色白の外人を目にしないように、松前藩は家来たちにマックドナルドの回りに隠し布を押し立てさせ移動し、そうしない時は彼を肩籠の中に積め込んで運びました。

　当時の日本では長崎が海外への唯一の窓で、しかもオランダ人だけが貿易を許されていました。なので、日本人がなまじっかにも話せるのはオランダ語と、その前に布教に来ていたポルトガル神父のポルトガル語だけでした。

　その頃、アメリカやイギリスの捕鯨船が日本近海を往行していましたが、鯨狩りは危険で、よく転覆船や漂流者が出て、日本領土に流れ着きましたが、上陸しようとしても、日本人は英語が分からず、これら漂流者を追い払っていました。しかし鎖国中の日本人にも、情はあります。英語の分かる日本人がいないせいで、日本当局は内心では困っていたものと思われます。

　マックドナルドは漂流して来た水夫たちより学があり、また誠実で、落ち着いてもいました。その内に長崎当局の信用を得て、監禁状態ではありますが、1つの部屋を与えられました。そしてその内に、十数人のサムライ生徒に英語を教える役を仰せつかりました。日本で初めての、いわゆる母国語の英語の先生だと言えます。かくして、英語を話せる日本人が10人余りでき上ったのです。そしてマックドナルド自身は日本語を学びました。

　かくしてマックドナルドは、6カ月に渡って、英語塾の商売をして報酬を得ました。それは食料でした。色んな人がこの捕虜みたいな最初の外人先生に会いに来ましたが、時には動物園の珍しい動物を見に来るような雰囲気でした。ただ、本人は常に当局から監視さ

れていました。監視人がこの奇怪な生き物を見せる為、自分の家族を呼び入れた時には、それがバレて、可哀そうに、監視人は直ちに断頭されてしまいました。

　これはフランスのテオドール・フォルカード神父が沖縄の那覇に入港した約4年後のことでした。ただ残念ながら、マックドナルドは、漂流者の引き渡しに派遣されて来たアメリカ軍艦に、他の漂流者達と共に引き渡されてしまい、日本滞在はたったの10カ月で終わってしまいました。ただ、彼が監獄で教えた生徒たちがいなかったら、4年後にマチュー・ペルリーが日本にやって来て開国を迫った時には、話はうまく通じなかったかも知れません。

　彼が70歳で亡くなる時、最後に日本語と英語でこう言ったそうです。
「サヨナラ、マイ・デイア、サヨナラ」

　ただその真偽の程は、時を遡り、当時の吹いていた風に耳を傾けるしかありません。

日本人が英語を話し始めるとき

　米国タイム誌のデヴィッド・ボダニス氏によれば、日本の若い子供は "L"（エル）と "R"（アール）を区別できるが、大人になったらできなくなるそうです。私はそれが、日本の大人が50音字でそれらを区別する努力を怠ったせいではないか、と思います。つまり日本人は、それらを区別する癖を付けておれば、"L" と "R" の区別力は維持され、世界全体の言葉が理解し易くなると思われます。

　1990年頃、「ラーメン」がパリに上陸して来た時に、妙な現象が

起こりました。店には "Ramen" 屋と張り出して宣伝しているのに、日本人は "Lamen" と発音していたからです。それからは雑誌では "Ramen" と紹介したり、"Lamen" と説明したりテンデバラバラで、正解は謎のままでした。でもラーメンは元々日本語ですから、西洋人が日本語に適応し、"Ramen" と "Lamen" の中間で発音するしかありません。

　しかし元が西洋の言葉をカタカナに書き換える時には、日本人がそれに適応するしかないでしょう。そんな場合には、"R" と "L" を最初から区別するようにした方が会話での退化を防げ、また書き物でも、元のアルファベットに戻す時に便利がよいように思えます。そうでないと、聞き慣れていない言葉の場合、一度カタカナで書いてしまうと、元のアルファベットの綴りに戻れなくなり、大混乱になります。

　この点では科学の分野は文学の分野より進んでいるようです。化学には "aryl" と "allyl" という、全く異なる 2 つの化学式がありますが、これらをカタカナで書くと、どちらがどれか分からなくなるのです。そこで前者は「アリール」と引っ張り、後者は「アリル」と短く書きます。ただ、カタカナの棒線は、本当に長く引っ張る意味もありますので、この使用法を一般化するには問題があります。そこで、アルファベットが "R" である場合には、そのカタカナに下線を引くようにすれば、少し厄介ではありますが、その問題は避けられるように思います。

　そこで、子供時代の能力を維持し、また、元のアルファベットの綴りに戻るのを容易にするように、西洋人の発音に合わせるように、"L" の場合はラ、リ、ル、レ、ロと書き、"R" の場合はラ、リ、ル、レ、ロと書くことにします。後者の場合は、舌を巻いて ル ラ、ル リ、

ルル、ルレ、ルロと発音すればよいと思いますが、それが面倒な時は、"R" を仮に "F" に変えて、ファ、フィ、フ、フェ、フォと発音すれば、西洋人の "R" の発音に近くなる筈です。

ただ、国名とそれからの派生語や、完全に日本語化されているとみなされる土地名と人名と固有名詞は、社会の安寧を保つ為、今まで通りのカタカナを使っています。

でも、これらの文字の発音を間違っても、劣等感を抱くには及びません。アルファベットを使うヨーロッパ人でさえ、歴史の初期には "R" と "L" を聞き違えていたらしいのです。

例えばフランス語の mûre（桑の実）と titre（題目）は、英語ではそれぞれ mulberry と title となっていますが、これは言葉が輸入された時に "R" を "L" と聞き違えたせいのように思えます。

同じ英語の間でさえも、clamp（かすがい）、clash（衝突）、ablation（地質学では「削磨」の意味）は、それぞれ "L" が "R" に変えられた cramp、crash、abrasion とほとんど同じ意味なのは、やはり "L" と "R" を聞き違えてできた重複単語だったからでしょうか。

更に日本人に苦手なのは "B" と "V" の区別でしょう。それも、ドイツ語の ich habe が英語では I have となっている処を見れば、ドイツ人が英語を作る時に "B" と "V" に聞き違えたらしい。

クリミア半島のセバストポール市は、19世紀半ばに英仏連合軍がオットーマン帝国と戦ってから有名になりました。土地の人は「セバストポール」と発音したはずですが、ドイツ人には Sewastopol と聞こえたらしい。ドイツ語の "w" は英語では "v" で発音されますので、ドイツ語が英語に入った時には、2番目の音節は "w" から "v" に変わり Sevastopol になりました。これは仕方がない事です。しかしフランス人には "B" と聞こえたのでしょう。フランス語では

Sébastopol、となります。従って日本人が "B" と "V" を聞き間違えたとしても、それは仕方がない事でしょう。

更に日本人に聞き分けにくいのには、単語の中で発音される "A" と "U" の違いではないか、と思います。私もよく間違いますが、英語には crash（音を立てて破壊する）と crush（粉砕する）や flash（写真機の閃光）と flush（手洗いの流し。でも「光輝」の意味だってある）のように、殆ど同じ意味の単語なのに、"a" と "u" だけが違う場合があります。これらは、もともとは同じ現象を指す言葉が、聞き間違えられ別々の言葉になったのではないか、と疑っています。stuff（材料）と staff（「杖」や「人員」の意味の他に「建築材料」の意味もある）もそうなのかも知れません。でも、上記の指摘は、語源の問題には疎い私の印象に過ぎません。

日本語に "F" の発音はありますが、欧州風には発音されず、むしろ "H" の発音に近いようです。もともと "F" と "V" は同じ起源で、生活が狩猟から農作に変わり、食事が柔らかくなってから初めて生まれて来た、という研究があります。なので両者は近い発音で、下唇を上歯の下に置いて発音します。日本語には "V" の発音がないので、本当の "F" の発音もないのでしょう。日本語は、世界で最初の言葉であるアフリカ語と同じで、母音が５個しかありません（そのせいか、アフリカには時に日本語と間違うような発音の言葉がある）。英語には 17 個もありますので、日本人に英語の発音が難しいのは当然です。

日本人の発音を揶揄う西欧人は多いのですが、彼らは、このような自分らの歴史と日本語の特殊さをよく知らないせいでしょう。

英語、この育ちの悪い言葉

　ドイツ語はあらゆる文字を発音するハッキリした言葉(哲学者ニーチェの名 Nietzsche は例外！) ですが、フランス語は発音しない文字がたくさんあり、話し言葉と書き言葉を常に比べさせ、余韻を持たせる言葉です。英語は、矛盾するこれら 2 つの言葉を合成し、更に「アクセント」を付け、その矛盾を誤魔化すような、奇怪な言葉です。

　そればかりか、"thou"（親しい者に対する単数「君」、または劣等者に対する単数「お前」）という単数形を廃止し、複数形の丁寧な言い方 "you"（貴方達）だけが残り、今では相手は誰も彼も、単数でも複数でも "you" と呼ぶようになりました。

　英語には性も敬語もなく、先生でも赤子でも "you" と呼び、更に、誰にも彼にも姓ではなく、名前またはあだ名で呼び掛けます。

　たった 200 年前、ジェーン・オースチンはドイツ語みたいに 25 は「5 と 20」と書いていたし、百数十年前のブロンテ姉妹は名詞を性で区別し、100 年前のキップリングは "thou" と "you" を区別していましたから、英語の変遷は早いもの。

　今では「貴方」も「お前」も「先生」も「てめえ」も「きさま」も「貴殿」も「貴女」も、全部同じ "you" ですから、明らかに言葉に深みがありません。幸いにも、自分（ら）を指す場合はまだ単数 "I" と複数 "we" を区別できますが。

　逆に日本では、年や性や地位や職業により呼び方を変え、「手前」という言葉は、自分のことを指すのか相手のことを指すのか、情況により解釈しなければならないそうですね。幸いにして日本語では、面倒になれば主語を削ってしまい、複雑な情況を想像の世界へ変身させることさえできます。

しかし心ある英語国の知識人は、先達の愚かさを恨んでいるはずです。なぜなら今では、"you" が複数なることを示すためには、わざわざ別の言葉を付け加えなければならなくなったからです。地域により "you guys" と言ったり "you all" と言ったり "you folks" と言ったり。ニューヨークの市民は "youse" と言うそうです。

　フランス語では文の最初の文字や固有名詞に大文字を使い、ドイツ語では更に名詞の最初の文字を大文字にします。英語では文の最初を大文字で書きますが、その他には原則がありません。

　英語では、よく大文字を使います。でも、禁煙の表示は "No Smoking Please" と書くべきなのか、"No smoking please" が正しいのか、頭字語である「ユネスコ」は "UNESCO" なのか "Unesco" なのか、どうもはっきりしません。

　どうも英語の原則は、第三者が間違いなく理解できればよい、という自由主義のようです。従って、強調したいがために、何が何でも大文字で書くことが多くなりましたが、正統派はそれを制限するように努力しています。

　そう、英語には原則がないのです。育ちが悪いのです。人間の場合であれば、原則を持っていない時は、カッコよく、
「自分はノミナリスト（唯名論者）だ」
と言って、自分の弱さを隠す事もできますが。

　自分の国にない物を表現するときには普通は原語を使うでしょう。例えば柿や椎茸や山葵はフランスにはなかった食物なので、それぞれ「カキ」「ダイコン」「ワサビ」「シイタケ」と呼ばれています。

　英語では「柿」や「大根」や「山葵」にも、しばしば特定の英語 "persimmon" や "radish" や "horseradish" の単語が宛がわれているようです。日本特有味の産物も、英語の世界化に乗れば、特定の気

候や土壌や水質や製法に関係なく、一般化されてしまいます。英語による世界化は、日本人がアリキタリの物じゃない、と信じている物を、アリキタリの物にしてしまいます。日本特有の柿や大根や山葵が、今までに欧米で知られていた植物種の一種になってしまい、言葉の正確さは失われてしまう事でしょう。

　こんな話もあります。1853 年、アメリカはサン・フランシスコの仕立屋ジェイコブ・デーヴィスと布地商人レヴィ・ストラウスは鋲で締めるカウボーイのズボンを発明し、デニム "denim" とか、ブルージーンズ "blue jeans" とか呼びました。"denim" はフランス南部の町ニームで作られる布の名前 "Serge de Nîmes" から来たもので、"blue jeans" はイタリア北部の町ジェノヴァの青（フランス語で "blue de Gênes"）の色から取った名前です。この布はとても丈夫で、コロンブスが自分の船の帆に使ったそうです。

　しかし英語でも例外的な話があります。英国商人がトルコでおいしい鳥を食べたので、それを「トルコ」という名前でイギリスへ輸出しました。今ではトルコ政府からトルコを軽蔑する言葉だとして抗議されています。トルコではその鳥は「ヒンデイ」と呼ばれ、インドから来たことを示唆しています。その鳥は日本語では七面鳥と呼ばれています。

　世界の生徒の読み書き試験では、韓国とフィンランドはいつもよい成績をあげます。彼らの国語では読み書きが例外的に簡単なことにもよるようです。

　それに比べると英語は同じ発音にいろんな書き方があり、また同じ綴りがいろんな風に発音されます。"food"（食糧）と "goods"（商品）と "flood"（洪水）を比較すれば明らかです。これら 3 種の "oo" 綴りは「フード」、「グッズ」、「フラッド」と、3 様に発音されるの

です。

　ジョージ・バーナード - ショウは、英語発音の異常さを皮肉ってこう言いました。

「魚（fish）はなぜ "ghoti" と書かないのか」

　その心は、"enough"（イナフ）の "gh" と、"women"（ウイマン）の "o" と、"nation"（ネイシュン）の "ti" を合わせて発音すると "fish" となるからです。

　更に米国のスターマー氏は、綴り "ough" が幾通りに発音されるかを調べました。

"A rough-coated dough-faced ploughman thoughtfully strode coughing and hiccoughing through the streets of Scarborough"

　これらの８つの "ough" の発音の仕方は、全部異なるのです。

　2003 年の調査では、英語の読み方を習得するには、仏語や独語や西語などに比べて２倍の時間がかかります。日本語の漢字が、同じ発音で幾つもの意味があるのとよい勝負。それにこの英語の柔軟さ。あらゆる語彙を真空掃除機のように吸収してしまいます。その点も、日本語がカタカナを使ってあらゆる外国語を簡単に吸収できるのに似ています。

　暇のある人の計算では、英語には 44 の音があり、26 個のアルファベットの文字では発音しきれません。しかもそれら発音には少なくとも 250 の書き方がある。そして、発音通りに書くことができる、または書く通りに発音できる忠実な単語は、たったの 1,000 位しかありません。

　過去形に関しては数千の規則動詞の他に、約 165 の不規則動詞がありますが、不規則動詞は３つの音韻規則で説明できるそうです。その例として、"sing"（歌う）が "sang" に、"dig"（掘る）が "dug"

に、"bring"（もたらす）は "brought" となります。

　ある理論によると、規則動詞と不規則動詞を区別することは、英語を話す人の精神状態を形成するそうです。確かに仏語や独語の過去形には英語みたいな不規則変化はありません。つまり英語国民は過去形で話すとき、脳の中の２個所、規則の実行を扱う個所と記憶を扱う個所、を連結する訳です。そして規則動詞を規則に従って実行する合理的な機能と、不規則動詞の類似性を連想的に記憶する機能という知的構造を使い分けるのです。[2]

　そんな理論は、フランス人が、フランス語に発音しない文字がたくさんあるのは、話し言葉と書き言葉を常に比較させ、言葉に余韻を持たせる為だ、と言い訳するのによく似ています。

　果たして、東洋の方々が懸命に英語を学んだとしても、これら生まれながらに英語を話す人のように、話しながら２つの脳を使い分ける感性を学べるでしょうか。

　ただ、外国人が英語を使うことには利点もあります。余計なおしゃべりをしなくなること。誰も本当の英語のニュアンスを知らず、適切な表現を探すのに頭を使いますから。やはり、真面目な討論や哲学的な話は自国語でしかできません。

　英語では、「王様の」と言う形容詞には、３つの言い方があります。"kingly" と "royal" と "regal"。最初はドイツ語系、２番目はフランス語系で、３番目はラテン語系です。

　これら３つはおおよそ同じ事を意味しますが、どの形容詞を使うかで相手に与える印象が違うようです。最初の言い方では王様は少し揶揄われているように感じるかも知れず、最後の言い方はむしろ裁判所で使われているようで、仏語系の言い方はそれらの中間に位置して、王様に相応しい呼ばれ方のように感じるでしょう。これは、

独仏語の私生児である英語に典型的な、外国人には分かりにくい彩を与えるでしょうが、同時に曖昧さも生むでしょうね。

"h" を発音しないか、または発音しなくてもよい英語の単語がたくさんあります。それはフランス語が起源の単語でしょう。フランス語では「エッチ」を発音しないからです。

例えば "humour"（諧謔、ユーモア）, "hour"（時間）, "homage"（敬意）, "honour"（名誉）, "human"（人間らしい）, "humidity"（湿気）, "humiliation"（恥辱）, "humility"（謙遜）などなどです。

ただし、例えば英語の "humour" の元になる仏語 "humeur" は英語と意味が少し異なり、「心の状態」や「気分」を指します。この意味は英語 "humour" でも、3番目か4番目の意味に使われますが……。

その "humour" が今はフランスに逆輸入され、英語と同じ意味の滑稽を意味します。このように、元は英語と仏語で共通の単語が、両国で意味が違う関係は「偽の友達」と呼ばれます。

"isle"（小島）と "island"（島）の "s" は発音されません。これはラテン語の "insula" がフランス語の "ile" を経由して英語に入った証拠です。"island" の "land" はドイツ語が混ざってしまった結果でしょう。

仏語では母音に山冠が付いている単語 hōpital, hōtel, hōte, plātre, rōtir などでは、英語では "s" を添加して、hospital, hostel, host, plaster, roast に変わりました。

英語の "unambiguous" や "inflammable" や "habit" も変な言葉です。

形容詞 "ambiguous" は仏語の "ambigu" を輸入して作った単語で、「曖昧な」という意味です。英語では、否定を示す前置詞 "un"

をそれに付けて "unambiguous" とし、「明瞭な」という形容詞にしてしまったのです。普通の頭なら、肯定的な形容詞 "clear"（明瞭な）に否定前置詞 "un" を付けて "unclear" とし、「曖昧な」という意味にすると思うのですが……。

　形容詞 "inflammable"（燃え易い）は動詞 "inflame"（焚きつける）からきた言葉です。今では "flammable" も "inflammable" と全く同じ意味で正式に使われていますが、それは "inflammable" の誤解から生じたものでしょう。なので、もし「無、不」の意味の接頭辞 "in ..." を使って「燃え難い」という言葉を作りたい時には、"inflammable" ではなく、"ininflammable" と言わなければなるまい、と思います。

　単語 habit や habitant や habitable が概ね住む事を意味するのに、反対の事を示す前置詞 in を付けた inhabit が同じ住む事を示す動詞である事も変な感じです。

　"unique"（独特な）という、本来は唯一である意味の言葉に、"more unique"（より単一の）という表現を見た事さえあります。

　私は生徒の頃、英語の先生から、

「to と不定詞は離しては用いない」

　と教わりました。下記の例で言うと、（1）か（2）が正しい事になります。

（1）Jack decided to retire gradually.

（2）Jack decided gradually to retire.

（3）Jack decided to gradually retire.

　ところが（1）と（2）の場合には、「徐々に決定した」のか、「徐々に引退する」のか、はっきりしなくなります。そこで、to と不定詞を離し、その間に "gradually" を入れ、（3）のようにすれば、徐々

に引退する事が明瞭になるでしょう。しかし、そんな書き方は禁じられているのでしょうか。

「彼は車を持っている」と言うのは "He has a car" とだけで良さそうなのに、よく "He's got a car" と聞きます。

そして "He's gotten a car" と言えば「彼は車を手に入れた」となるそうです。"got" も "gotten" も単に "get" の過去分詞に思えるのに、何とややこしい事になったのでしょう。

さて、英語には、沢山の有用な表現が欠けています。海洋に1人旅をする友人を見送るとき、彼が漕ぎ出す前に勇気付ける為に言いそうな英語は、

"good luck"

でしょう。しかし真に言いたいのは不屈の精神であり、幸運に授かる事ではないので、もっと適切な言葉は「勇気を持って！」、つまりフランス語の "bon courage" に相当する、

"good courage"

だと思われます。フランス語ではちゃんと "good luck" に相当する言葉 "bonne chance" が、"bon courage" と共に用いられます。

ほかにも「良い旅行を」や「頂きます」に相当する英語がないので、フランス語をそのまま使って、

"bon voyage"

"bon appetit"

と言います。

ドイツ人が仕事を離れるときに投げかける "Feierabend!"（良き宵を！）は英語にも、恐らく日本語にもなさそうですね。

英語には、日本語の「いらっしゃいませ」「行ってらっしゃい」「すみません」「良き週末を」に相当する表現もありません。

　日本語の「すみません」は、

"excuse me"

"sorry"

"thank you"

　また、語尾を上げれば、

"repeat me please ？ "

　まで、色んな意味があります。もし相当する英語があれば、随分と便利になる事でしょう。

　日本語みたいに、物を数えるときに、対象の形まで考えるという繊細さもありません。大きな動物の１頭、２頭、……、小さな生物の１匹、２匹、……、長い物の１本、２本、……。

　ただし英語にはこんな繊細さがあります。

"I am in favour of removing settlers"

　これは "removing" という動詞を使った場合です。

"I am in favour of the removal of settlers"

　これは "removal" という名詞を使った場合です。さて、どちらの方が優しい言い方でしょうか。後者のように名詞を使う方が、心を鎮める効果があるそうです。

　英語の大きな特徴の１つは、ほとんどの状況や特定の現象の為にちゃんと出来上がった表現を持っていることです。それは便利ですが、注意しないと、よく分からないまま安易に走ってしまいます。

　私のようなフランス人と、デヴィッドのようなイギリス人の間には、感覚的な差もあるようです。"W"（小文字では "ω"）は英語ではダブル "u" と言いますが、フランス語ではドウブル "v" と言います。小文字で書くときは英語の方が合っており、大文字の時はフランス語の方が合っています。誰かが、イギリス人は偽善的に小さく出る

けど、フランス人は傲慢に大きく出る、と言っています。

　英語では "W" が言葉の初めにある時は「ウイ」と発音し、これは
フランス語では「ハイ」という時の「ウイ」に相当します。ところ
がフランス人はよく大袈裟に、「ウイウイ」と２回続けて答えます。
これは英語ではオシッコの意味になりますので、フランス人は注意
しなければなりません。

英語はどのように出来たか

　この英語の育ちの悪さを理解するには、その生い立ちを辿ってみ
なければなりません。

　ゴールの国（今のフランス）を占領していたローマ将軍ジュリアス・
シーザーは、天気の良い日にはゴールの国の沖に浮かんで見える島
が気になり、紀元前 54 年にローマ軍を率いてそこに上陸し、宣言
しました。

「ここを、ブリタニア島と名付ける」

　しかしその島には大した魅力がなく、ローマ軍はその後の約 100
年の間、この島をほったらかしにしていました。

　そして西暦 43 年、時の皇帝クラウデイウスは、ブリタニア島を、
正式にローマ帝国の１地方だと布告しました。しかし問題がありま
した。

「このブリタニア島は気候が悪く、寒すぎ、雨が多く、日照時間が
少なく、結論としては、住み心地が良くない。しかも、農産物は育
たないし、ましてや、小麦は作れない」

　ローマはそれまで農産物は中東地方で栽培させ、輸入していまし

た。ブリタニア島はそのような農作物の生産に適せず、とりわけ、ローマ人の必需品である小麦が育ちそうにないのが致命的でした。

　そればかりか、ブリタニア島の北半分に住むカレドニア部族（今で言うスコットランド人）がしょっちゅう南側を脅し、彼らとは争いが絶えず、当時の皇帝ハドリアヌスは考えました。

「彼らは野蛮人だから、北部の蛮族と我々の間に長壁を建設し、領土の分担をはっきりさせ、蛮族に奴らの領地を知らしめ、それを越してきたら戦うしかあるまい」

　そこで、ローマ軍は120キロに渡るハドリアヌスの長壁を建設して、ブリタニア島を2つに分け、南側をスコットランド人の攻撃から守りました。この壁はアイルランド海側の今のカーライル市から北海側の今のニューカッスル市にまで延びています。

　当時のローマ帝国は、このハドリアヌス長壁がハッキリした国境の北端ですが、他には国境ははっきりせず、南は北アフリカの砂漠まで、東はメソポタミアからペルシャ湾まで広がり、北東へは現在のドイツ北部で、ゲルマンの蛮族と、一方ではその勇敢さに魅され、一方では野蛮人として軽蔑し、それらの混ざった曖昧な関係で対決していました。それには理由があります。

　西暦4年、ゲルマン蛮族の英雄アルミニウス（ドイツ語ではヘルマン）は若い頃、ドイツの森を出てローマに赴き、ローマ軍に入って、バルカンの戦いで勇名を馳せ、騎士にされ、ローマ市民権さえ得ていました。しかし彼は、自分の部族の王になる事を夢み、それを達成する為、ある領地で謀反が起こった、と嘘の情報を送り、ローマ兵を呼び寄せようとしました。そこはローマ人のよく知らない地域でした。

　そして西暦9年、ローマ将軍のヴァルスは2万人から成る3軍団

と補助軍を率いてゲルマン族鎮圧に出兵しました。一方でアルミニウスは、幾つかの蛮族を集め、トイトブルグの森（現在のウエストファリア州）でローマ軍を待ち伏せました。ヴァルス将軍は罠にかかった事を知り、捕まって拷問される代わりに、ローマ方式に従い、剣を立て、その上に倒れて自殺してしまいました。指導者を失くした２万人の兵隊は、全員殺戮されてしまいました。ただ、何人かは隠れて逃げおおせ、ローマに報告しました。これはローマが被った最悪の敗北の１つで、ローマはその全軍隊の10%を失ってしまいました。当時のローマ皇帝のオーグスツスは夜に目覚め、

「ヴァルスよ、ヴァルスよ、我の軍団を返してくれ！」

と叫んだそうです。そして、アルミニウスがローマまで進撃して来るのを恐れ、ローマにいたゲルマン人（今のドイツ人の先祖）とゴール人（今のフランス人の先祖）を町から追放しました。この敗北のせいで、ローマは東はライン河の向こうへ、北はダニューブ川の向こうへ伸ばす考えを放棄してしまいました。

次の皇帝チベリウスは西暦15年、別の軍団を現地に送りました。当時の信心により、虐殺された兵隊たちが墓の中で平和に休息しているのを確認する為でしたが、恐ろしい事に、蛮族は２万人の死体に墓も作らず、ローマを卑しめる為、死体を腐るままに森にほったらかしにし、周りの木々には骸骨が吊り下げられていました。

しかし、そのゲルマン族の英雄アルミニウスも、西暦21年、身内の者に裏切られ、暗殺されてしまいました。

さて、400年時のローマは、ライン河に沿ってゲルマン族と戦っており、そちらへ援軍を送る事が必要になってきました。ついに410年、時の皇帝、17歳のホノリウスは、ブリタニア島を放棄してしまい、ローマは自然の国境である英仏海峡のフランス側にまで退却し、

ライン河での戦線でローマ軍力を補強しました。しかし、ブリタニア島には既にローマ市民が植民し、現地人と混ざって住んでおり、ラテン語も取り入れられていました。

　その頃のブリタニア島を要約しますと、北半分に戦闘的なケルト系人種のスコットランド人が住み、南半分に同じケルト系でも寧ろ大人しいブリタニア人が住んでおり、その南半分を、ローマからはるばるやって来たローマ人が占領し、住民達はラテン語の入ったケルト語を使うようになり、まずは仲良く共生していた訳です。ところが、その内にローマ帝国の勢力は衰え始め、ライン河戦線の為にローマ軍がブリタニア島から引き揚げ始めると、あの恐ろしいスコットランド人が、また南側を襲い始めたのです。

　全ては、ローマ軍に取り残されたブリタニア人の誤算から始まりました。ブリタニア人は、エルベ河口を挟む北海沿岸地方、現在ではドイツ北部とデンマーク南部に当たる地域に住むサクソン人やアングル人に助けを求めたのです。西暦 450 年より前の話です。

　エルベ河はチェコとポーランドの国境の山中から湧き出し、ベルリンやハンブルグを縦断し、北ヨーロッパを西の北海側と東のバルト海側に分けながら、今のオランダとデンマークの間の北海へ流れ出します。傭兵として雇われたアングロ-サクソン人はエルベ河口や北海沿岸を離れ、デンマークからのジュート人も加わって、449 年、大軍でブリタニア島に侵攻して来ました。

　また恐らく、彼らの侵攻途上にあるオランダ北部に住んでいたフリーズランド人も、それら侵略者に加わったものと思われます。なぜなら、現世界で英語に 1 番近いのは、フリーズランド島のフリジア語だからです。フリジア語はドイツ語とは違い、文法が簡単で、しかも単語の形は、性や数によって変わらないそうです。

総勢約 25 万人のゲルマン人の傭兵達は期待通りに、スコットランド人を島の北部へ追い戻してくれました。ただ、傭兵達はあまりにも野蛮で、スコットランド人ばかりか、雇い主のブリタニア人をも土地から追い出しました。ブリタニア島の南部の住民たちは野蛮人の餌食にされてしまったのです。ただ、北部のスコットランドだけは征服されませんでした。その代わり、南部にあったローマ街は略奪され、破壊され、ラテン語は僧院を除いては話されなくなり、貨幣も商業も破壊されてしまいました。キリスト教の貴族達は逃げ出し、対岸側のフランス海岸に住み着きました。かくして、イングランド（アングル族の地）という新しい国ができました。

　ただ、イングランドの西部とウエールズ地方には、亜ローマ文化とその歴史とが生き続けました。しかしイングランドでは、教育制度はなくなり、キリスト教は徐々に敵視されるようになり、イングランドは文盲の国に陥ってしまい、後世に残るような書式の記録は何もありません。ただ、聖パトリックとギルダスの著作が亜ローマ文化の存在を伝えています。

　その聖パトリックは、ウエールズ地方の西側の沖にある大きな島へ誘拐されてしまいました。

　そしてイングランドは、600 年後の 10 世紀に到るまで、繁栄から見放されてしまいました。

　かくしてブリタニア島の持主だったケルト系のブリタニア人は、島の西の惨めな辺地、霧雨に覆われたウエールズ地方へ追い払われ、ウエールズ人と呼ばれるようになりました。

　ブリタニア人の一部は海を渡って、欧州大陸側へ逃げ出し、イギリス対岸のフランス側に住み着きました。その土地は今ではブルターニュ地方と呼ばれ、その後に彼らは、不本意でもフランス人にさ

れてしまいました。

　ブリタニア人の他の一部は、ウエールズ地方の西側にある大きな島へ逃げ出しました。その島は、第1次大戦後にやっと独立したアイルランドであり、そこへ逃げたブリタニア人はアイルランド人となり、ローマのカトリック教を信仰し続けました（聖パトリックは、後にアイルランドの保護者とみなされるようになりました）。

　ブルトン（フランス側のブルターニュ地方の住民）は自分の言葉を持ち、第1次世界大戦中、何人かのブルトンの兵隊は、フランス語さえ十分に分からず、フランス軍から軍への忠誠を疑われ、銃殺されてしまいました。第2次世界大戦後も独立運動が激しく、時のド・ゴール政権はブルターニュ地方を分割し、一部を他の県と合併し、ブルターニュ地方の特異性を薄める政策を取った程でした。

　先住のフランス人達は彼らを「イギリス人」（フランス語では定冠詞を付けてラングレ）、又はブルターニュ人と呼んだので、フランスにはラングレ、ラングロワ、ランジュヴァン、ブルトンなどの姓の家族がかなりいます。もっと直接的に、英語そのままの「フレンチ」という姓の家族さえいます。これは、イギリスから逃げて来たイギリス人が、フランスの先住民に、自分はフレンチだ、フレンチになった、と説得しようとしたせいか?? あるいはフランス人がイギリスに渡ってフレンチと呼ばれ、出戻りでフランスに戻って来たせいか??

　フランス人はイギリスの事を「グランド・ブルターニュ（英語ではグレート・ブリテン）」とも呼びますが、フランス側のブルターニュ地方の事を、時に愛着を持って「プティット・ブルターニュ（英語ではスモール・ブリテン）とも呼びます。そんな歴史から、現在のイギリスは世界に向けては、大英帝国として統一されて見えますが、ヨー

ロッパの中ではグレート・ブリテンを成す3つの小民族国家（イングランド、ウエールズ、スコットランド）と、アイルランド島北方の、南方アイルランドが共和国として独立した後にも英王家に忠誠を誓って、イギリスに残った「北方アイルランド」、それら4つの民族国家から成る合衆王国とみなされています。

アーサー王（フランス語ではアルチュール王）と円卓騎士の伝説をご存知でしょうか。アーサー王の名は、初めは、西暦600年頃のウエールズの詩に、アングロ-サクソンの侵略に抵抗した軍人として現れました。1135年頃、ウエールズの司教ジョフロイ・ド・モンマウスはそれをブリテンのケルト族の伝説にしてしまったそうです。ウエールズのコーンウオール市（仏語ではコルヌアイユ市と呼ぶ）には想定上のアーサー王のお城が指定され、毎年6月にはそこへ、オーストラリアやカナダや世界中に散らばったケルト人が集まって祝い、新しい騎士を任命します。またその近くには、4トンもある青い石が80個、信じられるかどうか、物語によれば、アイルランドから運ばれてきて、戦いで倒れたケルト貴族たちに捧げる墓碑として残されました。それが有名なストーンヘンジです。

しかしフランスにも、ブリテンに相当するブルターニュがあり、コーンウオール市に相当するコルヌアイユ市があり、ストーンヘンジに相当するカルナックもあります。しかもカルナックはストーンヘンジより大きく、放射性炭素での調査ではストーンヘンジの前に作られた！　従ってフランスは、アルチュール王と円卓騎士の伝説はフランスのブルターニュにあるブロセリアンド森の話とみなし、アルチュール王に関する民謡さえできています。つまりは英ウエールズ人と仏ブルターニュ人は、エルベ河口北海沿岸のアングロ-サクソン族により雲散させられたものの、今でも同じケルト系の先祖と伝

説を共有しているのです。

その後、イギリスはヴァイキングに襲われ続けました。最初は789年で、ヴァイキングは3隻の舟でイギリスのアングロ-サクソン王国のウエセックスに上陸して来ました。その土地の王様（当時は王国が幾つもありました）は密使を現場に送り、ヴァイキング達にこう伝えました。

「慣習により、我が王は君らに、貢物を捧げるように要求する」

貢物を持ってくるのが、当時の外来者の礼儀だったからです。ところがヴァイキングは交渉さえもせずに、その場で王の密使の首を切ってしまいました。

13世紀末の日本では、獰猛な蒙古が2回目に襲ってくる前に、使者を上陸させて貢物を要求した時、幕府は使者たちの首を切ったそうですが、イギリスでは反対に、政府代表が首を切られた訳です。その分だけ、ヴァイキングは蒙古より野蛮だったようです。

793年には、ヴァイキングの海賊が本格的にイギリスの北東部の大修道院を襲い始めました。実に海賊は、大修道院には宝物がある事を知っていたのです。これらは8世紀末の、ヴァイキングによる一連の侵略の始まりに過ぎませんでした。そして、デンマークからのヴァイキングは、イギリスのヨークを首都とするヴァイキング王国を築くほどになりました。

ちょうどその頃、欧州大陸では、シャルルマーニュ（フランスとドイツ共通の、フランク族の王様）がドイツのアーヘンに本拠を構え、カロリンガ王朝を再興しようとし、アーヘン宮殿での教育の責任者として、イギリスからラテン語の神学者アルクイン（Alcuin）を呼び寄せ、命令を与えました。

「欧州大陸にラテン語を復活させ、カロリンガ王朝を再興させるの

だ」

　そんな矢先だったので、イギリスでのヴァイキングの事件は、西欧の文明社会に衝撃を与えました。

　ヴァイキングはイギリスばかりでなく、欧州大陸の北海や大西洋の海岸を襲い、大河に沿って内陸にまで侵略し、特に大修道院や修道院から宝物を略奪しました。

　しかし878年、アングロ-サクソンの王様アルフレッドは、ついにデンマークからのヴァイキング、グスラムを破り、グスラムに洗礼を受けさせ、イギリスの一部を支配させる事になりました。

　しかもこの9世紀には、北欧からの別の侵略者たちがイギリスにやって来ました。彼らは古代ノルド語(スカンデイナヴィア人たちの古語で、今のアイスランド語に残っている) を使っていました。今から1,000年前には、アイスランド語と当時の英語（古英語）は非常に似ており、お互いに理解さえできました。英語はその後に大きく変わりましたが、アイスランド語は当時からあまり変わっていません。それでも、そんな歴史のせいで、アイスランド語は今でも、英語に近い言語の1つに数えられています。

　しかし北欧からの、この別の侵略者たちは、土地の人間に自分の言葉を強要せず、土地の女性と結婚すると、古英語を使って上げさえしました。しかし成人になって新しい言葉を習得するのは難しいものです。古英語と言っても下手な古英語になってしまい、結果としては古英語を簡易化し、それが今の英語の元になりました。しかし彼らは会話をうまくやりくりする為に、既に英語の言葉があるのに、勝手に古代ノルド語を取り入れたりもしました（ジョン・マックオーター氏）。そのせいで英語には、同じ事を言うのに複数の表現ができてしまいました。

　フランスでもイギリスと同じような事が起こり、911年、カロリンガ王朝の王様シャルルはヴァイキング首領の<u>ロ</u>ロンと条約を結んで、<u>ロ</u>ロンはパリ包囲を解き、西フランク国に忠誠を誓い、キリスト教教徒になり、その代わりに、セーヌ河の下流のノ<u>ル</u>マンデイ地方を獲得し、そこの伯爵となりました。それはノ<u>ル</u>マンデイ公国ができる土台となり、<u>ロ</u>ロンの子孫のギヨーム公（英語ではウイリアム公）は私生児だったので、「雑種人」と呼ばれていましたが、1066年にイギリスを征服し、ノルマン方言（フランス語のノルマンデイ地方の方言）をイギリスに導入するきっかけとなります。ギヨームは反逆者の手や足を切断したり、眼を刳り貫いたりしましたが、時の支配者としては特に残酷ではありませんでした。例えばその前の支配者のアングロ‐サクソン族は、捕虜が反抗する時は、男は投石死刑に処し、女は火刑に処していました。ギヨームが征服王ギヨームと呼ばれるようになったのは、13世紀になってからに過ぎませんでした。

　このノ<u>ル</u>マンデイ方言はパリ近辺の方言に、かなり近い言葉でした。パリ近辺の方言とは、勿論、フランス王朝のフランス語に近い言葉です。そのせいで、11世紀のイギリス人は、通訳なしでもフランス王朝の言葉を理解する事ができました。ギヨーム公のお陰で、フランス語はアングロ‐ノ<u>ル</u>マン語となって、イギリスに根を下ろした訳です。

　14世紀、カ<u>ロ</u>リンガ王朝に次ぐカペー王朝の最後の王が亡くなり、イギリスがその王朝の後継者になる野望を抱いた時に、フランス人はゲルマン系のサリカ法（サリ族の古慣習法、例えば女性を王位継承から除く）と、イギリスとフランスの言葉が違い過ぎる（本当か？）点を理由に、それを拒否しました。

　イギリスとフランスの間での、いわゆる百年戦争が起こった本当

の動機も、言葉でした。つまりフランス人は、イギリス王と結婚したカペー王朝の直系の女性イザベルより、オイール語（Oiil）を話すヴァロア王朝（カペー家の傍系）と組みたかったのです。

ここでオイール語ですが、当時フランスの南部ではしょっちゅう、ラテン語の "hoc"（「そうです」とか「はい」という意味）を会話に使いました。私達の知っているラテン語で、アド・ホック（ad hoc）という表現があり、「お誂え向き」という意味に使うのを思い出して下さい（「アド」はインターネットで使うアド印＠の事です）。一方、このホック（hoc）はフランス北部で "Oiil" に変わり、更に "Oui" に変わり、その方言はウイ語と呼ばれるようになりました。

イタリアのダンテは 1320 年に完成した作品「神曲」の中で、欧州の、腐敗して将来性のない俗語を「ハイ」の言い方で分類し、イタリア語の si、フランク語の oiil、オクシタン語の oc（OK の前身とも言われる）、ゲルマン語の jo（ja の前身）で分類しています。

イギリスはフランス人（ノルマン系、プランタジュネ家、アンジュー家）、オランダ人（ウイリアム・オヴ・オレンジ家）、ドイツ人（ハノーヴァー家）の王家により支配され、王様によっては英語さえ話せず、王家は一般に他の欧州国の人間と結婚しました。イギリス王家は、名前を「ウインザー」へと変えてからまだ 100 年にもなりません。

そういう訳でイギリス人の起源は、ブリタニア人、アングル人、ジュート人、サクソン人、ヴァイキング、次にフランスのノルマンデイから占領して来たヴァイキング子孫、それに 16 世紀半ば頃からの、フランスでの宗教迫害を避けて移民して来たユグノー（新教徒）などだ、と言えます。

20 年もかけて行われたイギリス人の最近の遺伝子調査では、イギリスで人口の多い中部と南東部のイギリス人の 45％は先祖がフラ

ンス人の遺伝子を持っているそうです。

　別の計算では、イギリス南部と中部のイギリス人は、その遺伝子の40％はフランス人、11％はデンマーク人、9％はベルギー人と、それぞれ共有するそうです。ただ、9世紀から11世紀にわたってイギリスを襲い、定着したヴァイキングやフランス北部のノルマン（ノルマンデイ人）はイギリス人全体の遺伝子構成にはほとんど影響を与えておらず、彼らが定住する前に、フランスとデンマークから大きな移民があった事を示しています。更にこの遺伝子分析は、4世紀と5世紀の間にアングロ-サクソンがイギリスを占領した事実を追認し、イギリス人の遺伝子の30％はアングロ-サクソン系、つまり現代のドイツ人の遺伝子を継承しています。

　このように、イギリス人とフランス人は人種の上でも、言葉の上でも、最も近い人種のようですが、いつも喧嘩ばかりしています。イギリス人のフランスに対する悪感情は、元々は1066年のフランスのノルマン族のイギリス征服に端を発していますが、その後の進展でも、18世紀にはパリが世界の回転軸になり、フランス語が教養ある人の洗練された言葉となり、欧州大陸の主要言語として君臨した事にも起因するでしょう。イギリスが欧州外の世界で発展するようになったのには、そんな理由もあったのでしょう。

　エド・ウエスト氏によれば、イギリス人のフランスに対する感情は、イギリスの社会階級により、明らかに異なります。イギリス人の家族名の前にフランス語の "de" が付いておれば、それは裕福さを示します。調査によれば、征服者ノルマンの子孫で、フランス系の姓を持つ家族は、イギリスの平均家族よりずっと大きな世襲財産を持っています。そして、イギリスの平均的な社会階層はフランスを愛し、会話にもよくフランス語を混ぜ、夏になると南仏に出掛けま

す。ところが、イギリスの労働者階級になると、フランス革命とそれを生んだナポレオンを嫌い、20年も続いたナポレオンとの戦争を憎悪し、フランスに関する物は何でも忌み嫌うのです。彼らは、イギリスの貴族層は今でもフランス系だと疑っているからです。

　ですが、困った事に、イギリスとフランスは、他には見当たらないほど似通った国同士なのです。まずイギリス人が自分の国をドイツに比べると、何も優れた点がありません（フットボールでは、どんなに善戦しても、最後に勝つのはドイツだ、という諺ができました）。イタリアと比べれば、自分の方が良いに決まっている、と信じています。

　ところがフランスとなら、いつもとんとんで、分野により、時には勝つし時には負ける。イギリスとフランスは、国力も人口も言葉も非常に似通っており、比較するには打って付けの国同士なのです。

　歴史的には、1066年にノルマンデイ公爵ギヨームがイギリスを征服してからは300年の間、イギリスのあらゆる王様は妃をフランス人から選びました。15世紀の初めまで、宮廷で話す言葉はフランス語でした（ただし1回だけ議会の開会宣言で英語が使われたそうです）。

　イギリスのヘンリー5世（1413年から1422年の王様）は既にフランスのメーヌ地方の伯爵と、ノルマンデイ地方と南米のグイヤンヌ地方の侯爵を兼ね、フランスのランスで戴冠式をやり、フランスのヴァンセンヌ城で死去し、2つの国が1つの王国になっており、当時はフランス語が国語のように使われていました。そして1431年、息子のイングランド王ヘンリー6世はロンドンからパリに移動し、ノートルダム寺院でフランス王になる戴冠式を挙げました。その時、彼は10歳に過ぎませんでした。そのフランス・イングランド王国は現在のフランスの北半分を占め、フランス王の領地は残る部分、つまり、仏中央部のブルジュ市より以南に限られました。

　実際、百年戦争時（1337 年〜 1453 年）には最高年で約 300 語の
フランス語が英語の中に入ったのですが、ジャンヌ・ダルクの努力
でイギリス軍がフランスから引き揚げ、戦争が終わってからは、フ
ランス語の英語への侵入数は急減し、ルネッサンス時（1600 年時）
に少し上がりましたが、最盛時の半分ちょっとに過ぎず、1700 年
時には最低になりました。

　12 世紀から、イギリスは 3 カ国語を使っていました。官庁ではラ
テン語、庶民の間では中部英語、政界のエリートの間ではアングロ
-ノルマン語です。そのせいで、獅子心王リチャード（12 世紀）のイ
ギリスの国家標語は "Dieu et mon droit"（神と我が権利）、英王家の
標語は "Honi soit qui mal y pense"（それを邪道と思う者は恥を知れ）、
これらはフランス語の方言であるアングロ-ノルマン語です。これ
は、昔の日本が漢語で書いていたのに似ています。

　本当に英語が確立したのは英詩の父ジェフリ・チャウスー（Geof-
frey CHAUCER）とヘンリー 4 世の時代（14 世紀後半から 15 世紀の初
め）でした。

　1380 年代、イギリスのコーンウオール地方の翻訳者ジョン・ト
レヴァイサ（John TREVISA、詩人ジェフリ・チャウスーと同時代の学者）
は 1327 年のエドワード 2 世が肛門に灼熱の火かき棒を押し込まれ
て虐殺されたと噂された最期を、ラテン語から平易な英語に訳そう
とした時、かなりの言葉がフランス語から借用した言葉に頼らざる
を得なかったので、
「庶民がノルマン頭領たちの言葉を真似しているので、英語は彼ら
の言葉の脅威の下にある！」

　と苛つきました。しかしその後は心を変えたようで、
「生徒たちはフランス語に背を向けているが、もし海を渡って欧州

大陸を旅しなければならない時には、それは害になる」

　と言いました。

　実際にイギリス人は探検好きでした。既に17世紀にイギリスには欧州大陸の旅行案内書があり、そこにはこう書いてありました。「フランス人は礼儀正しく、スペイン人は威厳があり、イタリア人は恋情的で、ドイツ人は無骨な田舎者である」

　そういうイギリス人は、大陸側からは、「概ね実用的で、抜け目がない人間たちだ」とみなされていました。

　中世の欧州では、ラテン語だけが書くに値する言葉だ、と評価されていました。そこにダンテが現れて地方語だった今のイタリア語で詩を書き、フランスでは1539年、ヴィレール・コットレ勅令でフランス語を国語としました。それから新教主義が広まり始め、各人は自分の地方語での聖典を与えられるべきだという教えが広まり、地方語も言葉として尊重されるようになりました。

　16世紀末から17世紀初めに活躍したシェイクスピアの作品の中でも、『暴風雨』と『リア王』の中には16世紀後半のフランス人作家モンテーニュのエッセイを翻訳してそのまま使った文章があるそうです（サイモン・ウイリス氏）。しかも、20世紀初めのアメリカ詩人T.S.エリオットは堂々と言ったそうです。

「未熟な詩人は真似るが、熟練した詩人は盗む」

　さて、18世紀には状況が逆転し、英語が仏語の中に入り始めました。同じ時期に欧州大陸ではイギリス好きの傾向が始まり、ヴォルテールはシェイクスピアやニュートンをフランスに紹介し、ゲーテはシェイクスピアの称賛者になり、19世紀から20世紀にかけての、近代オリンピックを始めたド・クーベルタン男爵やシオニズムの創設者であるテオドール・ヘルツルもイギリス狂でした。そしてそれ

は今まで続いています。

　それでも 1854 年に、ドイツの詩人ハイネは、

「仏語は良識と普遍的な明瞭さの母国語である」

　と言いました。

「ニーチェはショーペンハウエルを読む時には、仏語の方を選んだ」

　とも言ったそうです。その頃ハイネはパリで生活しており、ニーチェはドイツで 10 歳になったかならないかの年だった筈ですから、この話は本当かどうか。

　さて、先に述べたゲルマン族の英雄アルミニウスはドイツ語でヘルマンとなり、それからジェルマン（英語ではジャーマン）になりました。この「ジェルマン」の呼称を最初に使った内の 1 人は、宗教革命を起こしたマルチン・ルッターでした。実にルッターはアルミニウスに似て、ローマのカトリック本山に反抗したからです。

　アルミニウスに対応するフランスの英雄は、ヴェルセンジェトリックスです。彼は紀元前 50 年頃、ジュリアス・シーザーのローマ権力に反抗し、ゴール（今のフランス）の諸族を結集し、アレージアで暴動を起こし、最後はローマで絞首刑にあいました。1865 年には、フランスの英雄ヴェルセンジェトリックスの像が、当時のアレージアと思われる場所に建てられました。

　それに対しプロイセン（ドイツの主体）は、1875 年に、ヘルマンの像をトイトブルグの森の中に建立しました。ところがその像は南方のローマではなく、象徴的に、西方のフランスの方を向いています。それほど当時のプロイセンはフランスを敵視していたのでしょう。

　ただ、1871 年のフランクフルト条約では、プロイセンがフランスに勝利を収めたにも拘わらず、戦勝者ウイルヘルム 1 世とビスマ

ルクは、フランス語で条約を作成せざるを得ませんでした。

　ところで、オットーマン帝国も、ローマ帝国と同じぐらい長く続きました。その帝国はイスタンブールから、南へは中東を覆って北アフリカまで、北東へは黒海の北部沿岸まで、北西へは東南欧州からウイーンの入口まで支配したのですが、オットーマン宮廷ではフランス語がリングア・フランカ（lingua franca：フランク族の言葉。変わって「共通語」）でした。リングア・フランカは、実際にはイタリア語、フランス語、スペイン語、ギリシャ語、スラヴ語、アラブ語、トルコ語などの混ざった「混成語」で、地中海での商売で使われていました。その他にも、幾つもの人種や宗教を反映して、多くの言葉（ペルシャ語、アルメニア語、アラブ語など）が使われました。現代のリングア・フランカなら、それは英語だ、と言えるでしょう。

　そして、ケマル・アタチュルクは、オットーマン帝国を失った後に、国語をアラブ文字からアルファベット綴りに変えました。独裁者にしかできない、言葉の改革でした。

　しかし第1次世界戦争が始まった頃から、国力の移り変わりと共に、状況が変わりました。

　ドイツ軍とイギリス軍は、ベルギーのフランス寄りの町レパーの近くの壕の中で戦闘を繰り返していましたが、1914年のクリスマスの前夜、両軍は寸時、撃ち合いを止めました。その宵は月が輝き、外は凍えるように寒く、土は凍っていました。突如、ドイツ側が歌い始めました。

　"Stille Nacht, heilige Nacht, ..."

　それに合わせて、イギリス側も歌い始めました。

　"Silent night, holy night, ..."

　敵対した両軍は同じクリスマスの歌『きよしこの夜』を、ほとん

ど同じ発音の独語と英語で歌い始めたのです。実際はどちらが先に歌い出したのか、私は知りません。ただこの歌は、ナポレオン戦争の後にオーストリアの神父がドイツ語で書いた詩に基づいているのに免じて、ドイツ側としておきましょう。

戦場はフランス国境の近くなのに、フランス軍による仏語の歌は聞こえませんでした。その事は、この戦争を境にして、フランスの国力と仏語の地位の低下を象徴しているように思えます。

それ以後は米国の発展により、米語が国際語になりました。ヴェルサイユ条約ではウイルソン大統領とロイド・ジョージは、フランス政府の抵抗にも拘わらず、英語を仏語と同等に認めさせるのに成功しました。

しかし英国のサマーセット・モームは、1930 年代に、

「仏語は教育のある人々の共通語である」

と言っています。モームにとっては、英語が簡単な言葉を創造し易く、多くの場合に単音節で、擬音に近いのに対し、仏語は重々しく、常にギリシャ語やラテン語やゲルマン語の語源を求めている処が気に入ったのかも知れません。

南アメリカでは、ブラジルは 1889 年まで皇帝を持っており、宮廷では仏語が使われており、また、ブラジルでもアルジェンチンでも、第 1 外国語は仏語でした。しかし、MERCOSUR（欧州連合の南米版）が設立されてから状況が変わりました。欧州連合と違って、ブラジルとアルジェンチンはお互いの相手の言葉であるポルトガル語とスペイン語で話すようになりました。実際に両語はかなり似ており、お互いに通訳なしに理解できるようです。そして今では、これら両語の他に、英語も入ってきました。

時代は変わりました。仏語はいつも礼儀および外交の言葉という

評判を持っていましたが、現代の仏語は、懸念の言語です（マクロン大統領の言葉）。

英語、フランス香水で装ったドイツ輸出品

　英語の歴史は、エルベ河口を挟む北海沿岸に住んでいたゲルマン民族のブリタニア島への冒険から始まりました。英語は、もとはと言えば確たるドイツ語で、３つの性があり、語尾が変化する面倒な言葉でした。その内に北欧のヴァイキングが食糧と太陽と浪漫を求めて南下し、ブリタニア島を、また大陸側の北海沿岸と大西洋沿岸を襲い始めました。北フランスのセーヌ河口は、９世紀末から11世紀にかけてデンマーク、ノルウエー、アイスランド、時にはスエーデンからのヴァイキングが占領し、ノルマンデイ（北欧人の土地）と呼ばれる基地を作り、そこからアングロ-サクソンの支配するブリタニア島や、ヨーロッパ各地を襲い始めました。

　そして1066年、ノルマンデイ公爵となったギヨームは、２万人のノルマンを率いてイギリスを制覇し、英国の王様を兼任するようになり、ブリタニア島の上層階級ではノルマンの仏語が話されるようになりました。つまり今の英語は、エルベ河周辺のアングル人やサクソン人のゲルマン語が土台になり、その上にフランス語が香水のように振りかけられてでき上がりました。ただ、振りかけ量が大きく、１万語の仏語が英語に入ったと言われます。割合としては、数え方によるようですが、英語の単語の３分の１から３分の２ぐらい、いい所で半分以上は仏語とラテン語に負っているようです。ただ、日常使われる用語だけが、大多数がアングロ-サクソン語です。

　イギリス人は階級により、3つの異なる言葉を話していましたが、大局的には上流社会は仏語で話し書き、庶民だけがドイツ語系のアングロ‐サクソン語を使っていました。そんな伝統はアンジュー王家（フランスのロワール河畔、アンジュー地方に住むプランタジュネ伯爵家が、英国王家をも兼ねていた）の時代に引き継がれ、14世紀半ばまで続きました。獅子心王リチャードの話は、12世紀末の話であり、彼は一般にはイギリスの王様とみなされていますが、彼の墓は実はフランスのアンジュー地方にあります。

　16世紀には英語での文学が生まれるようになり、しかも、英語をより高貴にする為に、ラテン語を加えるようになりました。

　同じ時代の話で、ロビン・フッドの伝説がありますが、彼はイギリスを侵略したフランス系のノルマン貴族を襲って金品を奪い、貧しい庶民階級のアングロ‐サクソン人へ分け与えたことを思い出します。

　古代ノルド語もそうでしたが、もっと酷いのはフランス語の侵入でした。そのせいで英語には、同じ事物を指すのに、多くの場合に、仏語系の単語とゲルマン語系の単語があります。

　友人のデヴィッドが教えてくれる1世紀以上も前に、作家のルイス・キャロルはこう言っていました。

「もしある物や事を描くのに、英語の言葉が心に浮かばないときは、仏語で話してみなさい」

　観光（tourism と sight-seeing）、訪問者（visitor と guest）、職業（occupation と job）、天気（climate と weather）、湿気（humid と wet）、数えればキリがありません。前者が仏語系で後者が独語系ですが、どちらかと言うと仏語系の方が気取った響きを持って聞こえます。

　時には、もともとは同じ意味だった筈の、ゲルマン語系（またはド

イツ語系）の単語と仏語系の単語が、少しズレた意味を持つようになったのは、仕方がありません。

　例えば「尋ねる」の意味の英語の動詞には "ask"（ゲルマン語系）や "demand"（仏語系）などがありますが、前者が軽い質問に使うのに、後者は強く何かを要求する感じになるようです。

　また、英語で「疲れた」と言うのに "tired"（ゲルマン語系）や "fatigued"（仏語系）などの形容詞がありますが、前者が会話的に「疲れた」という時に使うのに、後者は消耗するような酷い疲れの感じになるようです。

　更に、「賢い」と言うのに "wise"（ゲルマン語系）と "sage"（仏語系）などがありますが、前者が軽く「それは賢明だ」という時に使うのに対し、後者は「賢人みたいに賢い」という印象を与えます。

　何れにしろ、ドイツ系の言葉が日常の表現なのに、仏語系の言葉を使うと、ちょっと気取った、または強い意味を与える事が多いようです。

　時には社会階級と言葉の歴史が交じり合い、牛（ox）や豚（pig）や羊（sheep）は労働者が養育している間は独語系の言葉が使われるのに、料理されて食卓に供されると途端に仏語系の言葉（それぞれ beef, pork, mutton）が使われます。エルベ河畔のドイツ語が市民階級の言葉として使われ、ノルマンデイのフランス語が上流階級の言葉として使われたことに関係するのでしょう。動物の屠殺はアングロ-サクソン系の言葉を使う請負人に任せ、食べる人は仏語系の人間だったからだ、と言われます。

　また、ラテン語は、古英語の使用者を、抽象的な考えを表現できるようにした、とも言われます。考えてみますと、イギリス人は実用主義を生み出し、経済上の哲学者を輩出したのですが、思想上の

哲学者が生まれにくいのは、そのような言葉の歴史のせいかも知れません。

ただ、足を地に着けたような日常語には、独語系の英語しかないことがあり、しかもその英語は今の独語に非常に近い。毎日食べる「パン」は英語では "bread"、独語では "Brot"、「リンゴ」は英語では "apple"、独語では "Apfel"、「家」は英語では "house"、独語では "Haus"、と言った調子で、両者は会話では、ほとんど区別できないほど近い言葉です。

意地悪くも、「外国単語類」を意味する "foreign words" では、前半の "foreign" が仏語系で、後半の "words" が独語系の混血語です。

いま流行りのインターネット語の「メール」"mail" にしても、語源は仏語の "malle" で、「手紙を入れた使者の袋」を意味しました。ただフランス人は正確で必要十分な単語を好み、「郵便物」を意味する "courrier" と電子の "electronique" を合成して、"courriel"（クリエル）という新語を作り出しました。ただ、少し長過ぎるので、面倒くさいときには、つい「メール」と言ってしまいます。

仏語の英語への導入は、百年戦争が終わった 1453 年頃に一段落し、再びルネッサンス期（1600 年頃）に当時の流行語として増え、その後は比較的に停滞しました。逆にフランスは、17 世紀から制度改革をねらってイギリスに眼を向け、いろんな英語を輸入し始めました。フランス革命の前夜の話です。そのせいで、この時代に仏語の中に入った英語には、旧体制を捨てて民主主義に入るための、議会や法律に関する語彙が多かったそうです。

もっと後の 19 世紀になると、娯楽用の「スポーツ」「モード」「スペクタクル」などの英語が仏語の中に入りました。確かに日本語でさえ、これらの英語に正確に当てはまる言葉がなく、ついカタカナ

で書いてしまうようですね。

　しかしそれらの英語でも、フランスでは使わなくなっていた古い仏語が、意外な意味となって残っている場合がよくあります。特に法律の分野とスポーツの分野がそうです。

　仏語では「到着」を意味する「Venue」が英語では「行為場所」へ。仏語で「間違い」を意味する「Tort」が英語では「不法行為」へ。

　テニスのサーヴィスのときの「行くぞ」という意味の仏語「トウネ」が「テニス」へ、卵を意味する仏語「ア（エ）フ」に定冠詞を付けた「ラフ」が英語では「ラヴ」となり、卵は数字の０の形をしているので「ゼロ」を意味する事になり、「ともかく」を意味する仏語「アンツーカ」が英語では舗装した「万能テニスコート」へ。

　さて、ある計算によると、1970年と80年代の間の10年の間に、仏語の中に入った外来語は５％を占め、その内の半分が米国か英国の英語だったそうです。今はもっと増えているでしょう。

　フランス人は仏語の純潔さに固執する、という定評がありますが、必ずしもそうではなく、ただ単に、秩序正しい導入を望んでいるのです。それは、的確な言葉（Mot juste）を求める、という習性から来ています。例えば既に仏語があるのに、同じ意味の英語が導入されるとしたら、それは理論的には無駄な事であり、結果としては、認識的な人民の心を惑わせるだけです。そこで、既に仏語がある場合には、それに相当する外国語を使ってはならない、なんて法律さえ作りました。

　そんな性格から、フランス人は導入された言葉にも、しっかりとした定義を与えようとします。例えばいわゆる「世界化」とは、米語では "Globalization"、英語では "Globalisation" です。フランス

語には既に "Mondial"（世界的な）、"Global"（全面的な）という両方の言葉がありました。そこに、20世紀中盤の世界化の傾向が起こり、その現象に沿って、"Mondialisation"（世界化。米語ならさしずめ "Worldization"）という単語が作られていました。そんな時に米語の "Globalization"（地球化）がフランスでも使われ始めたのです。フランス人なら、いつも適切で必要十分な言葉を使わなければなりません。しかも各言葉には正確な定義を作らなければなりません。

　クロード・アジェージュ先生によれば、こうです。

「Globalisation（地球化）は Mondialisation（世界化）の良い部分を指す、つまり世界的な一般化のお蔭で安い工業製品が消費者の手に入るようになり、各国が利益を受けた場合は『地球化』と言い、世界的な一般化のせいで、ハリウッドの映画がその価値観を世界文化に押し付けた、という悪い影響の場合は『世界化』となる」

　少しコジツケの印象もしますが、先生は語源の問題に強い言語学者です。それが定義だと思ってしまえば、そんな印象も消えて無くなるでしょう。

　英語はもともとのゲルマン語が、北フランス人の占領によって地下に潜ってでき上がった言葉であり、英語の本性は、衒いのない民衆が使う日々の交流語です。従って英語はいろんな外国語を臆面もなく導入し、同化するという能力を持っています。

　どうも、寒い国に住み、質素な生活に慣れ、単石的な性格を持つ北方人種の方が戦争にも強そうです。北海沿岸のゲルマン族やデンマークからのジュート人はケルト人の国だったブリタニア島を占領してその中にイングランドを作ったし、イングランド人となった後はやはり北方から来たノルマンに占領されはしましたが、それは更に国力を増す結果となったに過ぎません。

ひと昔前までは、欧州のフットボール大会で、イングランドの国代表が負ければ、イングランド人の観衆が町を荒らし回り、イギリス人（つまりグレート・ブリテン人）の狼藉者たち、として土地の人達に恐慌を引き起こし、翌日の新聞を賑わせたものですが、後で、それは間違いだ、狼藉者はイギリス人ではなく、イングランド人だ、と訂正されていました。

　かくして生まれたケルト・アングル・サクソン・ヴァイキングの国は、どんな状況にも適応する英語を使いながら、すぐに世界制覇へ出発し、スペインやフランスを各地で凌駕して大英帝国を建立しました。

フランスはなぜ英王家を愛し、英語を憎むか

　英語を話す力については、私の国もあまり誇れない。クレッソン女史が産業大臣になったとき、企業の商売適性を測ろうと思い、英語で種々の会社へ電話させましたが、英語は殆ど受付で滞ってしまいました。そこで大臣は、

「フランスの私企業は、英語力の改善にもっと努力すべきである」

と発表しました。

　隣国ルクセンブルグの放送局がその話を知り、ＢＢＣの記者を装って英語で仏産業省へ電話したら、いろんな部署へ盥回(たらいまわ)しにされ、英語を話せる人に辿り着くまでに 15 分かかった、と発表しました。それはクレッソン産業大臣の偽善性を攻撃するためでした。

　2014 年のこと、スエーデンの語学教育機関は、インターネットを通して、非英語圏の 63 カ国の 75 万人を対象に英語試験を実施し

70

ました。上位は欧州勢で、デンマーク、オランダ、スエーデンがそ
れぞれ1、2、3位をしめ、日本は26位、フランスはそれより悪
い29位だったそうです。しかし、その英語試験がどのような試験
であったか（筆記？　聴力？　話力？）によって、順位は大きく変わ
るでしょう。日本人一般が、英語に近い言葉を持つフランス人一般
より英語ができる、とは、どうしても信じられないからです。それ
に、そのような英語試験の信憑性や意義を信じない度合いに順位を
付ければ、恐らくフランス人が1位になる事でしょう。

　フランスでは、英語に不得手だという感覚が、劣等感へまで落ち
ることは稀。フランス人には英語は書いたものを見れば半分以上は
想像できるし、例え話せなくても、耳にすればおおよその見当がつ
くからです。フランス人が英語を話すのが苦手なのは、自分の本当
の気持ちを表現するには、世界で1番正確な仏語しかない、と信じ
ているからでしょう。

　イギリス王家の紋章を見てすぐ気が付くのは、先に述べた英王家
の標語 "Honi soit qui mal y pense"（それを邪道と思う者は恥を知れ）
に関して、「それ」が何を指すのかは問題です。イギリスのエドワー
ド3世はフランス王位を要求し、1337年にフランスとイギリスの
間で百年戦争が始まりましたが、そのフランス王位を要求した事実
を指すと推定されていました。

　しかし、ワルテール教授によれば、それは、1348年に時の仏ア
キテーヌ公爵で、同時に英国王でもあったエドワード3世が今のフ
ランス北部にあるカレーを占領した後の話の事を指します。そこで
催した舞踏会で美貌のサリスベリー伯爵夫人が踊りながら靴下止め
を落としたとき、エドワード3世がそれを拾いながら口に出したフ
ランス語がそのまま英王家の標語になりました。その英国王は英語

を話せなかったのです。実際、14世紀半ばまで、恐らくもっと後までは、英国の朝廷や貴族は皆フランス語しか話しませんでした。今でも英国の騎士制度での最高の勲章は「ガーター（靴下止め）勲章」と呼ばれ、その標語は勲章に刻まれています。当時のヨーロッパでは、次から次の戦争を乗り越えるには、少々の色気や遊びやユーモアが必要だったのでしょう。当時は英仏の百年戦争が始まったばかりの、戦国時代だったのです。しかし、この事件から生まれた「ガーター勲位」つまり「靴下留めの勲位」は現在まで生き延び、「靴下留めの騎士達」は、今でもエリザベス女王を首長とし、毎年ウインザー宮殿の礼拝道へ行進します。

　フランスとイギリスの関係は中国と日本のそれに似ています。例えば日本の皇族の標語が漢語で書かれていたとしても、日本人には大きな衝撃にはならないでしょう。昔はどの日本人も漢語で書いていたのですから。しかもイギリスでは、欧州のどの国も隣人だが、フランスは家族だ、とも言います。だから2人は仲が悪いのです。ですが、英仏の関係と違って、日本は中国と同じ家族だ、と言える日本人はいないでしょうね。

　イギリスの国歌である『ゴッド・セーヴ・ザ・クイーン』でさえも、フランス王を迎えるときに謳う古い宗教楽から、1677年にジャン・バチスト・リュリ（元はイタリア人！）が編曲して「神が王を守る」という賛歌を作り、ルイ14世の痔瘻の全快を祝って進呈した歌です（百科事典クイッド）。マダム・ド・マントノンがその歌を、ルイ14世による陸軍士官学校「サン・シール」の開校式の際に謳わせ、更にその歌を当時パリ近郊に亡命し、英国の王位継承を狙っていたスチュアート家のジャック3世に紹介しました。1745年、ジャック3世の郎党は、

"God save our gracious king, long live our noble king ..."

と謳いながら英国に上陸しました。結局は仇敵のハノーヴァー家が王位を継承したのですが、奇妙にも競争相手の賛歌を自分の王朝の歌として採用したのです。

ヴェルサイユ博物館にある 18 世紀始めの大時計の鐘は、今でも『ゴッド・セーヴ・ザ・キング（またはクイーン）』の旋律を奏でます。のみならず、19 世紀の始め、サン・シール村の住民 3 名がこの歌を謳う伝統を正式に証言し、その証書が今でも市役所に保管されています。しかしフランスは 1789 年の革命でルイ王朝を倒し、反革命的な『神が王を守る』なる歌を喜んで放棄し、新たに『ラ・マルセイエーズ』を共和国の歌として採用しましたので、著作権剽窃の問題は起きませんでした。

もちろん、英国人の多くはそんな説に反対、英国人ジョン・ブルが 1619 年に、ジャン–バチスト・リュリに先んじて作曲した旋律が起源だ、と主張しています。

ただ、他にも説があります。1714 年、英国に住んでいたドイツ人作曲家ヘンデルがパリに来て歌『神が王を守る』を聞き、それを編曲して『ゴッド・セーヴ・ザ・キング』とし、新たに英国王朝のジョージ 1 世となったドイツのサクソン系ハノーヴァー家がそれを賛歌として採用した、という説です。ヘンデル自身がドイツのサクソン出身で、1726 年には国籍をイギリスへ変えたという事実がこの説の魅力でしょう。

真実は、今の『ゴッド・セーヴ・ザ・クイーン』と、ヴェルサイユ博物館の大時計の鐘の旋律を聞き比べてみれば分かることでしょう。

欧州連合の母体である欧州経済共同体は 1957 年の 3 月に結ばれ

たローマ条約で発足しましたが、そのたった6カ月前の1956年9月に、フランスの首相であるギイ・モレは、イギリスに、フランスとイギリスが合併して、エリザベス女王を元首とする王国になる事を提案しました。当時のイギリス首相のアンソニー・イーデンはその提案を慇懃に受領し、その提案はどちらの国でも、公開討論に供してはならない公式書類の中に埋没されました。今考えれば突飛な考えに思えますが、2つの世界大戦で荒廃したばかりの欧州で、将来の戦争を予防するには、欧州に1つの大国を作る事は、恐らく欧州連合を作るのと同じ位の効果があると考えられたのでしょう。ただ、最初は英語と仏語の2カ国語を国語としても、その内にまた、言葉の戦いが始まった事でしょう。ちょうど、今のカナダでのように。

　デヴィッドが英語学校の件でパリに来て、私のアパートに電話してきて、その近くのカフェで会おう、という事になりました。私の連合いは内気で、英語を話さなければなるまい、と思うと恐慌状態に陥り、自分は子守をしているから、と固執するので、私はデヴィッドと2人で、カフェに出掛けました。

　パキスタン航空での冒険から、そこで会うのはもう3度目なので、慣れたものです。パリは17区のゲルサン通りの、駐車場の出口で引っ込んだ所にある喫茶店です。私は仕事でブラッセルに行ったばかりで、そこで買った新聞を持ってアパートを出ました。

　デヴィッドはパリに来ても、シャンゼリゼやオペラ通りのような表通りのカフェには入りたがらず、いつも、こんな、皆に忘れられ、うら寂れ、近くの商人しか来ないようなカフェにしか行きたがらないのです。

　もう夏が近く、大気は温く、カフェに面した通りの庇の下には幾つかの丸机が出されていたのですが、デヴィッドはそれには見向き

もせずに、薄暗いカフェの奥に入りました。中では主人が棚台の内側にいて、コップを洗っては逆さにして棚に吊っており、奥さんは勘定場に座って計算していました。彼の飲むのは決まっていて、スコットランド製のウイスキーです。私も勧められて、１度は試みたのですが、ついて行けず、その後はコーフィーにしています。私はブラッセルで買った新聞をデヴィッドに見せました。

「ブラッセルの新聞にこんなイギリス人の話が出ていたわよ」

　フランス語の新聞です。デヴィッドはそれを大袈裟に持ち上げ、訛りのあるフランス語で、声を出して読み始めました。

「……我々イギリス人は、フランス人は自分らより良い容姿をしているのではないか、と疑っている。それに、フランス人は我々より恵みの多い天候を享受し、自分らより美味しい食事をし、フットボールが強く、自然が広く、よい鉄道を持ち、結局は、我々より麗しい人生を送っている、とも思っている……」

「貴方も、そう思っている？」

　私は、半分は揶揄するように尋ねました。

「間違ってはいないけど、これだけでは不十分だよ。イギリス人は更に、フランス人は理解しにくく、また癪に障る人種だ、とも思っているよ」

　デヴィッドは澄まして答えました。それから、

「フランス人は、ひねくれて、利己的で、礼儀悪く、あまり信頼できない、とも思っているがね」

　そして最後に、

「その上、『性』の事しか考えない人種の集まりだ、とも思っている！」

　私はすぐに訂正しました。

「それは『性』ではなく、『愛』の事でしょう？　それに何といっても『食べ物』よ。フランス人がこの２つの事しか考えないのは、生きる芸術を知っているからよ。それに比べてイギリス人は、そこに到る前に、頭が金を儲ける事の方に回ってしまう商人に過ぎません。でもそれは、既にナポレオンとド・ゴールが指摘した事なので、私は繰り返さないけど」

　奥から主人と奥さんが心配するように私たちを見ていました。そこで私は会話を和らげました。

「イギリス人は、フランス人も同じような敵意のある偏見を持っていると思うかもしれないけど、イギリスの悪口は言っても、本心では感嘆しながら見ているわ」

　そして、

「だけど、イギリスがフットボールやラグビーで、どこかの国にやられると、フランス人は密に大いに喜ぶのは本当だけど」

　主人が近づいて、デヴィッドの杯の底を見て、

「ウイスキー？」

　と顎を上げながら催促しました。デヴィッドはフランス語で

「勿論！　でも今度は別の奴を飲みます」

　それからウイスキーの名を言いました。重々しい聞き慣れない名でしたが、主人はすぐに分かったようで、頷いて立ち去りました。

「典型的には、我々はフランス人を、横柄で尊大な人間だとみなしているよ」

　私はこう言い返しました。

「フランス人はイギリス人を偽善者とみなしているわ」

　そして、こうも付け加えました。

「イギリス人が最初の出会いから名前で呼び合い、しかもそれはチ

ットモ親しみの感情の発情ではない事には戸惑うわ」

　主人が新しいウイスキーの杯を持って来て、

「ホレ、若者よ」

　と、デヴィッドの眼の前の机に置きました。デヴィッドは髪が半分は灰色になっており、私には40少し前に見えました。デヴィッドは続けました。

「それじゃ言わして貰うけど、フランス人は姓で呼び合っても、相手の話を遮って口を出し、それからは互いに相手に耳を貸さず、別々に自説を叫び合う。結局は大声でしゃべり捲る方が勝ちになるってのは、イギリス人には理解できないよ」

「それはフランス語のせいよ。フランス語は考えながら話せる時間がある言葉だからよ」

　デヴィッドは、そうだな、と言った後に、付け加えました。

「英語は短い言葉だから、相手の話を消化した後に、ユーモアを持って答えるのがコツだよ」

　私は、デヴィッドがウイスキーの杯を丸机に置いた時に、デヴィッドに同じ新聞の別の個所を見せました。

「フランス人の考え方は『それは現実にはうまく行くかも知れないけど、理論的には説明できるのか？』と考える」

　デヴィッドはその下の行を読みました。

「イギリス人の考え方は反対で、『それは理論的には説明できるけど、現実にはうまく行くのか？』と考える」

　そして言いました。

「我々の実用主義と、フランス人の理論好きは、思考法が逆だな。フランスが理論を考えている間に、我々の実用主義は万帆を広げて航海し、世界を征服したのだ！」

フランスは王様とその妃を断頭台に送って首を切って、共和国になりました。しかし今になっては王家への懐古が絶えません。現在の意見調査ではルイ16世の首を切ったのは間違いだったとするフランス人の数は、理解できるとするフランス人より多くなっています。今ではフランス人は欧州のあらゆる王家への熱心な覗き魔になり、特にイギリス王家は半分がた自分の物だと思っているようです。なのでイギリス王家には、後悔の念の混ざった、密かな羨望を抱いており、その動向の報道にはフランス全体がテレヴィに食い付きます。エリザベス女王が来仏する時には、フランスは自分の王様みたいに歓待します。特にこの女王様はフランス語を完璧に話し、フランスに来たら英語は口から出さず、必ずフランス語を使ってくれるのです。

　イギリス人の歌手兼女優のジェーン・バーキンもそうです。彼女がフランス人に好かれるのは、亡くなったセルジュ・ゲンスブールの歌をフランス語で歌ってくれ、東日本大震災の津波の見舞いで日本に行った時には、自分の国語である英語を使おうとはせず、必ずフランス語を使ってくれるせいでしょうか。

　デヴィッドは私の思いを遮って、こう言いました。
「イギリスは、フランスが1789年の革命の後に王様の首を切って共和制になった、そして世界に向かって人権を宣言した、そんな勇気に対しても劣等感を持っている」

　私は何か、デヴィッドを持ち上げる言葉を探しました。
「でも、サッチャー首相が皮肉に言ったように、人権宣言はイギリスがフランスより先にマグナ・カルタで宣言しているわよ」

　デヴィッドは黙ったままウイスキーの杯を口に運び、外の薄光に翳し、「うまい」と呟いた後、私の方に眼を向けました。

「それはサッチャー夫人が間違っている。マグナ・カルタは、王様
とそれに反抗する諸侯たちの間での、課税や領主権や公平さに関す
る取り決めであり、王様は作戦的に同意しただけで、しかも、２カ
月ちょっとしか続かなかったものだ。しかも、確かに自由人の権利
を謳っているけど、自由人とは、庶民を除く特権階級の人間だけを
指していた。言わば、マグナ・カルタは、一塊の強力な豪族たちが、
更に強力な王様から自分の身を護ろうとしたもので、本当の人権を
謳ったものではない」

「それじゃゼルデイン先生の話はどう？　ほら、オックスフォード
の先生よ。先生は、イギリスは既に 1679 年に、ハベアス・コルプ
ス（Habeas Corpus）とか何とか呼ばれる制度を作り、不法な拘禁や
投獄に対する基礎的な自由を獲得し、それを法にした、と書いてい
るわよ」

「それも同類項だよ。単に国内での自由の改善に過ぎない。我々イ
ギリス人の劣等感は、我々が常に利己的に自分の事ばかり考えてい
るのに、フランスの眼は必ず世界に向いている点にある」

　どうもデヴィッドの言いたいのは、フランスはイギリスに遅れて
自由を獲得したとしても、単に国内での改善に満足せず、世界的に
人権宣言をし、普遍的な人間の自由平等として謳った、という点で
しょう。でもイギリス人一般には、そんな横取り的で横着な処が、癪
に触って仕方がないのでしょう。

　私にも思い当たる節があります。イギリス人とは、奇行を好む、風
変わりな人間の集団で、そのせいか、色んなスポーツを発明しまし
た。ボクシング、クリケット、フットボール、ラグビー、ポロ、ゴ
ルフ、そればかりか、中国人が発明したと思っていたピンポンさえ、
実はイギリス人が、19 世紀に食卓の上で始め、"wiff-waff" と呼んで

遊んだ競技だそうです。アメリカの野球さえ、イギリスから独立したばかりのアメリカのエリートが、宗主国イギリスのクリケットを真似するのが嫌で作り出したスポーツらしいので、間接的にはイギリスも関与していた、と言えるでしょう。

　しかしイギリス人はなぜか、自分らで世界的に広げよう、とはしていません。彼らは実利主義だから、面白いスポーツなら、自分らで楽しんでいるだけで充分だった。自然に世界に広まるのを待っていたのかも知れません。

　しかしフランス人は違います。何かの芽を見つけると、すぐに世界的な枠を作り、原則を定義しようとするのです。

　フランス人が世界規模に組織したスポーツ大会は、オリンピックを始め、フットボール世界大会、フットボール欧州選手権、ラグビー世界大会、などなど。トゥール・ド・フランスは全世界から選手が集まる路上競輪になり、イギリス人がよく活躍しますが、始めたのはフランス人です。そして、2輪車世界選手権、自動車のF1、自動車の耐久力競争の「ル・マンの24時間」など、もっと最近には市街での電気自動車のF1、砂漠横断の各種自動車競走「パリ－ダッカール」、これらは何れもフランス人の提案や企画で始まりました。

　海洋帆走機関の母体は、イギリスがフランスに設立を提案したものですが、パリでの会議で設立されました。

　ただフランス人も、クリケットやポロは、規則をうまく理解できず、殆ど興味を示さないので、この2つは今でもイギリスの国内遊戯、うまく行ってもコモンウエルスの域内スポーツに止まっているようです。

　スポーツばかりか、ユーロヴィジョンと呼ばれる、欧州と周辺国（ロシア、イスラエル、トルコなど）を含む国別競唱大会、国際映画祭

でも、カンヌ映画祭は先輩の映画祭を追い越し、恐らく最も知名度が高い映画祭になってしまったようです。

これらの催し物でフランス人は一番乗りをしましたが、そうしないと気が済まないのは、どうも、フランス人の病気みたいなものです。でもそんな競技や祭りで、フランス人が Grand Prix（天皇杯に当たるフランス語）にありつけるのは、ごく稀な話です。こんな状態では、イギリス人がフランス人を、癪に障る油断できない隣人だ、と敵視するのは仕方がありません。

でもイギリス人は、どこ迄でも実利的な人種です。国際競技で得るメダル数が国威を高揚するのに役立つと知ると、国民宝籤で集めたお金を、団体競技をさて置き、陸上と水上の個人の有望株に集中的に注ぎ込みました。団体競技では数人で1個のメダルにしかありつけないのに、個人競技では1人で幾つもの種目（100米、200米、……）に参加でき、メダルの獲得数を倍加できるからです。かくしてオリンピックでは、イギリスは人口当たりのメダル獲得数では、世界1の大国にまで成長しました。

テニスだけは少し趣向が違います。これはフランス人が始めた遊戯を、イギリス人がまずイギリスとアメリカ（ウインブルドンと米国オープン）で広めた例です。しかし、テニスの世界選手権みたいな物は、まだできていません。フランス人が始めるのかも知れませんが。

フランスは王制を廃止してからは、何らかの国の象徴が必要になりました。それがフランス語です。フランスは既に 1539 年の法律で、公用文書でフランス語を使うことが義務となり、1975 年には広告やテレヴィで同等のフランス語があるときには外国語の使用が禁止され、ついに 1992 年には憲法が改正され、フランス語は仏共和国の言葉であると指定されました。

法律により国語を守るというフランスみたいな国は寧ろ稀だと言えます。米国にも英国にも、自分のいつも使う言葉を、わざわざ法律で国語だと宣言するような傲慢さはありません。日本だってそうでしょう。

　ドイツでも、ドイツ語が国語だとはどこにも書いてありません。だから裁判所でも、外国語で討論しても法律に違反しないようです。数年前、私がドイツの裁判所に傍聴者として参加したとき、４人の裁判官は当事者２人を囲んでヒソヒソ話を始め、ヤー、ヤーと合意しながら各自の席へ戻り、裁判長が、

「本日は、せっかくお客様に傍聴して頂きますので、問題をよく理解して頂く為に、原告被告とも、英語でやらせて頂きたいと思います。よろしいですね？」

　と宣言し、原告側がおもむろに立ち上がり、少しぎこちない英語ですが、申立ての口頭弁論を始めたのです。たった一人の私の為に！

　しかしそのような時代は終わったのかもしれない。今ではドイツは独語を「発想の言語」と呼び、英語の氾濫に抵抗し始めたからです。「発想の言葉」とはよく言ったもの。日本人にしても、日本語が「発想の言葉」であり、英語は行き詰まりを避ける「代わりの言葉」に過ぎないのは当たり前でしょう。

　貴方は、天皇陛下と貴方との共通点は何か、とお考えになったことがありますか。私はあります。ド・ゴール将軍と私との唯一の共通点は何か、と考えた事があります。そしてそれは、綺麗な、説得力のあるフランス語を話そうと努力する点だ、と気が付きました。ド・ゴールは兵隊であるにも拘わらず、簡潔で説得力のあるフランス語を使おうとしました。

　ただ、フランス人は仏語を愛するあまり、外国人が四苦八苦しな

がら仏語で話してくれているときに、その仏語を訂正しようとするような愚行をします。

イギリス人はそんなことはしません。分からなかったら訊き返すだけです。英語の特徴は柔軟性であり、良い英語と悪い英語はあっても、正しい英語と間違った英語の区別はないようです。

ナポレオンは軍力でヨーロッパを統合しようとしましたが、失敗しました。それに継いでヨーロッパの統一を夢見た理想主義者はヴィクトル・ユーゴでした。ヨーロッパの国語としては勿論フランス語を考えていたに違いありません。

そのような情況の内に、1879年、ドイツの旧教の神父ヨハン・マーチン・シュレイヤーは、夢でみた神様の思し召しにより、ヴォラピュック（volapuek）という言葉を発明しました。ドイツ語と英語とフランス語から単語を取り。ラテン語方式に書いた言葉です。そして1889年8月（パリ万博の年）にはパリで、ヴォラピュックしか使わない世界大会を開いたほどでした。しかし後世になって、国粋主義のナチス政権が生まれ、それに抑圧され、消え去ってしまいました。

1887年には別途に、エスペラント語が発明されました。これは欧州の言葉の内での700語の共通語源から、普通に用いる7,500語を採用し、簡単な文法で繋いだ言葉です。英語や仏語や独語を学ぶ10分の1の時間で学ぶことができる、というのが謳い文句です。

発明者のポーランド人ルイス－ラザール・ザーメンホッフはポーランド東部の町で医者をやっていました。その町ではポーランド語、ロシア語、ドイツ語、イーデイッシュ語を話す民族が共存しており、ザーメンホッフはこれら異人種の共通語を作るのを夢見て、エスペラント語を発明しました。彼はワルシャワで1887年に、ドクトロ・

エスペラント（希望を抱く医者）という偽名で「国際語」という宣言を発表しました。マルクスが世界に向けて『共産党宣言』を発表したのが1848年ですから、コロンブスに始まった地球化への動きの大きな石碑なのでしょう。英国エスペラント協会によると、今では世界の少なくとも130カ国以上の国にエスペラントを話す団体があり、なぜかアフリカのブルンデイという小国には約30の学校でエスペラントを教えているそうです。ブルンデイとはアフリカ中部にある、国の人口も広さも日本の10分の1にも満たない国ですが、そんな国がなぜエスペラント教育に一生懸命なのか、独裁者の意向なのかもしれません。ただ、エスペラントと競合する英語の国の協会の話ですから、信用してもよいように思います。

蛇足ですが、カトリックの総本山のヴァチカンはイタリアに囲まれて存在しているにも拘わらず、その公用語は今でもフランス語だそうです。そのせいで、ローマ法王が国連に初めて招待され、ニューヨークで演説したときは、英語ではなく仏語を使いました。

イギリスのジャージー島やガーンジー島でさえそうです。これらの島はフランスのノルマンデイに近い場所にあり、北欧のヴァイキングの子孫が住んでいますが、19世紀末まで公用語をフランス語から英語に変えることに反対し、今でも特定の公式の場では通常の仕事でフランス語を使うそうです。

1894年に近代オリンピック委員会が組織されたときは仏語と英語が公用語になりましたが、解釈の問題が起こったときの正式語は仏語の方とされました。

仏語と英語の間の勢力争いでの、決定的な変化は1919年のヴェルサイユ会議、英語が仏語に次ぐ外交語として受け入れられた時に起こりました。既にフランスは自分だけでは国を防衛できず、第1

次大戦は米、英、豪、加などの英語国の助けを得てやっと勝ち得た立場だったので、強くは反対できなかったのですが、その後は大いに後悔しました。そして1922年の国際連盟の総会、日本の新渡戸稲造の努力とイランの提案により、全ての国がエスペラントを国際公用語にすることに同意しましたが、唯一、フランスがそれを拒否しました。もし受け入れておれば、フランスの不幸は現在のそれより小さかったでしょうが。

これは外からの影響に反抗し、伝統的なフランスに固執する本能、しかも一度獲得した権利は既得権として手放さず、それを奪われると革命を起こし、しかしその後に後悔する、そんなフランス人の血へ通じます。

第2次大戦の後、フランスとドイツは将来の戦争を予防するために今の欧州連合を造り、そこではフランス語が殆ど唯一の公用語として君臨していました。ところが英国がそこに加入してからは、欧州連合の事実上の公用語は英語になってしまいそうで、フランスの苛立ちは増えるばかり。しかしそのような現実を作ったのは英独仏ではなく、他の加盟国、彼等はアメリカの影響で概して英語しか話さないからです。

フランス語も本当の国際語になりたいのなら、仏共和国の言葉から離れ、外国人の考えや言葉を導入し、外国人でも書ける言葉にならないといけません。しかしフランスはアカデミー・フランセーズを使って外国の言葉や考えの導入を制限しながら、同時に国際語であろうと努力していますから、明らかに大きな矛盾があります。

しかし何事も考え様です。英語は北ドイツで生まれ、フランス語が被さってできた折衷語。欧州連合はフランスとドイツが中心になって作ったのだから、交流語としてその折衷語を使うのは悪くあり

ません。問題は、それを英語と呼び続ける事にあります。今後は欧州で話す英語を英語と呼ばず、ユーラングとでも呼べば言葉の軋轢は減るはず。そしてユーラングの中に、チェコやフィンランドやギリシャや、他の諸々の国の単語を、新しい概念としてどんどん導入して行けばどうでしょうか。

　ある日、明夫君から電話がありました。

「デヴィッドが倒れた」

　スコットランド人が倒れるのは死ぬ時だけです。明夫君は、デヴィッドのロンドンのアパートで彼と同棲していた若者です。彼の声はいつもの女性じみた声から、急に大人になったような、落ち着いた声でした。死因は、と聞いたら、まだよく分からない、と答えました。いつもスコッチを抱えていたのが頭にあったので、心臓発作だろうと思い、私は明夫君にそれ以上は尋ねませんでした。

　デヴィッドの先祖は、スコットランド高地に住んでいたマックコーミック一族で、昔はカレドニア蛮族と言われ、ブリタニア島の南半分を占領したローマ軍と戦い、アングロ-サクソン傭兵の攻撃を退けた豪族でした。より近世には、フランスからカナダをもぎ取って、英語国にするのに大役を果たし、1867年、カナダ最初の首相になったのは、スコットランド人のジョン・マックドナルドでした。

　鎖国中の日本に危険を冒して上陸し、最初の英語学校 MacDonald's を開いたのはラナルド・マックドナルド。大和男と結婚した最初の西洋婦人は、恐らく、マカオの宣教師団の出版部で働き、音吉と結婚した無名のスコットランド女性でしょう。ジェッシー-ロバータ・コーワンは、ウイスキー作りを習いにスコットランドにやって来た竹鶴政孝と結ばれ、日本へ同行し、家計の為には英語やピアノも教え、日本ウイスキーの母となりました。彼や彼女はカレドニア

蛮族の伝統を継ぐ勇敢な人々で、世界に出ていくのを恐れませんでした。いえむしろ、スコットランドみたいに世界の外れの、美しくも索漠と荒廃した土地に育てば、世界のどこへ行っても天国に近く思えたのかも知れません。

スコットランド人は 600 万人ぐらいの人口に過ぎませんが、3,000 万人近くが世界に散らばっています。そして海外に移住したスコットランド人は、初期のアメリカ大統領たちの教師となり、カナダ獲得の主導者となり、中国の最後の皇帝の教師となりました。ジャーデーンとマチュスンは香港で同名の会社を興し、香港を植民地化し、日本にまで影響を及ぼしました。18 世紀半ば、南仏にコート・ダジュールを発見し、イギリス人の楽園としたのもスコットランド人のスモレット氏です。

しかしスコットランド人は悪い事にも秀で、中国での阿片戦争で主役を演じたばかりか、アメリカではアイルランド人と共に、白人至上主義団体のク・クルックス・クランを設立しました。

良いも悪いも、こんなに少数で、世界の歴史を変えた人種は、他にはアイルランド人と、祖国のないアシュケナジーぐらいしかいないでしょう。

現代のデヴィッドは、灰色の髪はボサボサで、背広の釦<ruby>釦<rt>ボタン</rt></ruby>はかけた事がなく、シャツにはアイロンをかけた形跡がなく、草臥<ruby>臥<rt>くたび</rt></ruby>れた雨合羽は土臭くて埃っぽく、これがペルシャ人の発見したカーキ色と呼ばれる代物でしょう。話をする迄は彼がオックスフォード出身の紳士である事は分かりませんでした。密かに、英語教師を装ったスパイかも知れない、と思った事もありました。

しかし彼もそれなりに、誰にも真似のできない偉業を成し遂げていました。それは 1960 年代の硬化した共産圏から、3 人の若い女

87

性を救い出し、自由の世界へ解放してあげた事です。まず英語の先生としてチェコに行き、自由を求める女性と知り合い、スコットランドに連れてきて、村の教会で結婚式を上げ、彼女は英国人の伴侶として、6カ月の内にイギリス旅券を得ました。しかしスコットランド教会は離婚を許しません。そこでロンドンに南下し、イングランド教会で晴れて離婚し、彼女を自由にして上げました。その後に同じ方法で、ポーランド女性を、次にハンガリア女性を自由の世界に導いて上げました。

　そこまで思い出して、彼はどうして共産圏に出入りできたのかしら、と思いました。急に、心臓発作ではなく、ロシアの秘密警察に暗殺されたのかも知れない、という妄想が起こりました。ロンドンではその頃、毒薬による暗殺事件が何件か起こっていたからです。それほど私は、デヴィッドの若死に動揺していた、とも言えます。

　デヴィッドは絶対に肉を食べませんでした。スコットランドでは穀物は育たず、家族は牛と羊を飼っており、何も疑わない動物に餌を食えるだけ食わせ、年頃になるとそれを殺して人間が食べる、それがいかに卑劣で残忍な事かを知ったからです。

　その代わり、ウイスキーを飲みました。しかし日本製がスコットランド製の質を凌駕しそうになったのを知る前に、この世に何も残さないで逝ってしまいました。

　デヴィッドはもともと、この世に生まれてきたのが、迷惑そうでした。誰に頼みもしないのに、と言って、困っていました。ただ生まれて来たからには、生計を立てなければならない。そこで最も簡単な仕事を選びました。それは、母国語の英語を利用し、外国人を相手に収入を得る事でした。

　そのお陰で、日本にはたびたび旅行しました。私がパキスタンの

灼熱の下で彼を見た時は、彼はまだ生きている自分を眺めよう、としているようでした。パリの寂れたカフェでは、ウイスキーの杯をよく眼の前に掲げ、杯に自分を映していました。私がロンドンの彼を訪問した時はいつも、明夫君と、離婚した３人の女性の内の誰かと一緒に、近くの大衆食堂で、フィッシュ・アンド・チップスを食べました。デヴィッドは魚さえ、そこでしか食べませんでした。それは思考力を保つ為に必要なのだ、と言っていました。会話は最後にはいつも、「原則がなく、人を惑わす英語」の話になりました。

　そしてある日、誰にも急かされないで、迷惑もかけないで、ただひとり、自然に消え去ってしまいました。まるで、時間が来たので、自分で灯に蓋を被せたような感じでした。私には最も重要な灯が消えてしまったような感じです。40歳でした。デヴィッドはその一生自体が、不平を言わないで自分の孤独を生き抜いた一生でした。冷笑的な人生にしがみ付く私に、何かを考えさせてくれました。デヴィッドの短い一生は、カレドニア蛮族の１兵士が私に自らの体で示してくれた「麗しい振舞い」のように思えました。仏語でならさしずめ "beau geste" とでも言うのでしょう。その仏語は、デヴィッドによれば、イギリスでもそのまま英語として使われ、「ボー・ジェスト」と発音するのだそうです。

　ただ１つ、ロンドンの彼のアパートが残りました。明夫君はそこに住み続けるそうです。しかしロンドンのその地区のアパートは、99年経つと王家へ返さねばなりません。しかもデヴィッドは又買いをしたので、もっと早く返さねばなりません。明夫君に聞いたら、まだ年数はあるけど、自分はその前に日本へ戻るつもりだ、と言っていました。１つの時代の終わりです。デヴィッド！　オー、デヴィッド！

英語と仏語の関係

　アメリカ人が枕元に置く本が聖書なら、フランス人のそれは辞書です。フランス人は王様の首を切ってから、国の象徴はフランス語になりました。フランスではアカデミー・フランセーズが 1634 年に創設されました。文学という呼称は入っていませんが、その会員たちが、フランス語が汚されないように監視しています。

　イギリスにはイングリッシュ・アカデミーみたいなものはありません。イギリスは政治や経済と同じく、言葉でも自由主義で、有機的に発展するのです。

　しかし科学に関しては、話は異なります。イギリスの「ロイヤル・ソサイエテイ」は 1660 年に、フランシス・ベーコンにより、知識は思い付きを実験により試験する事によって得られる、という哲学の基に設立されました。そこには「科学」という呼称さえ使われていません。会員には、重力を定義したニュートン、電気を発見したファラデイ、進化論のダーウイン、熱力学を定義したトムソン。逆にフランスは「科学」という呼称を付けて「科学アカデミー」と言い、イギリスに遅れて 1666 年にジャン‐バチスト・コルベールにより設立されました。この辺には文学と科学に対する、フランス人とイギリス人の国民嗜好の違いが読まれます。

　さて、英語に関しては、ポーランド系の英国作家ジョゼフ・コンラッドの言葉を思い出させます。彼は 19 世紀半ばに、ポーランド系貴族としてウクライナで生まれましたが、当時の貴族階級の常で、幼少時からフランス語を学び、16 歳のときに仏マルセイユへ送ら

れ、商船団で４年働きましたが、その後イギリスに渡ってそこの商船団で働き、結局はイギリス国籍を取り、英語で小説を書き始めました。ブルノ・フィリップ氏によると、なぜ仏語ではなく英語で小説を書くようになったのか、と訊かれて、彼はこう答えたそうです。

「英語はとても加工しやすい言葉で、もし必要とする言葉が見つからなければ、別の言葉を発明することができます。しかしフランス語で書くためには、アナトール・フランスみたいな芸術家でなければなりません」

アナトール・フランスとは同時代のフランス作家で、フランス語を女性に例え、こう述べた人です。

「そう（それほど）美しく、そう誇らしく、そう慎ましく、そう強情で、そう感動的で、そう官能的で、そう貞節で、そう高貴で、そう親密で、そう熱狂的で、そんなに素晴らしいので、人は彼女をあらゆる霊魂を尽くして愛し、決して彼女を裏切る気持ちにはなれない」

コンラッドの述べた英語の加工し易さのせいか、英語の単語は仏語の単語より６倍も多くなりました。それでも英語に言葉がないときは仏語をどんどん英語にして行きます。Bon voyage！（良き旅行を！）や Bon appétit！（良き食事を！）は英語に（日本語にも）正確に相当する言葉がないので輸入されたもの、Bon vivant（美食家）、Savoir vivre（礼儀作法の良さ）、Joie de vivre（生きる喜び）、Douceur de vivre（人生の楽しみ）などは実利的なイギリスでは考えられなかったこと、Charlatan（大ほら吹き）、Femme fatale（魔性の女）、Cul-de-sac（袋小路）などは、昔のイギリスには存在しなかったからでしょうか。英語の語彙が増えた訳です。

確かにフランス語で文を作るときは、「Mot juste」（的確な言葉）を選ばなければなりません。あまりにもそうなので、イギリス人は英

語にはそんなフランス人の言葉に対する熱情を正確に伝える単語は
ないとみなし、フランス語を導入し、"Mot juste"はそのまま英語
となってしまいました。

　アメリカは大違い、便所の紙のことを米語では婉曲に "Bathroom
tissue"（風呂場の紗）、義歯のことを "Dental appliance"（歯科器具）
と言ったりしますし、死亡したことは米語でも英語でも "Passed
away"（通って行った）とも言うようで、これらは的確な言葉からは
程遠い表現でしょう。

　日本語に関して言えば、外国語をカタカナにして書く場合は、大
抵、的確な表現ではなく、わざと本当の意味を隠すため。ソープ・
ランドとかラヴ・ホテルなどはよい例です。これらは "Mot juste"
でない典型と言えます。

　米語でも、洒落たい時や、強調したい時や、正確な英語が見つか
らない時は、よくフランス語をそのまま使います。しかしそんな習
慣はアメリカで始まった訳ではなく、イギリス英語の時からの伝統
です。ジェフリー・マッケイン氏によると、16 世紀から 17 世紀に
かけて生きたシェイクスピアはヘンリ 5 世の 1 場面全体をフランス
語で書いたし、そうでなくても、いろんな場面でフランス語を使い
ました。

　現代アメリカ文学でも、簡単な言葉で née（結婚前の女性の姓）、élite
（選り抜きされた人）、élan（勢い）、passé（時代遅れの）、résumé（要
約）、fini（終えて）など簡単な言葉から、roman à clef（実話小説）、
crème de la crème（社交界の粋）、film noir（陰鬱な犯罪映画）、à la
mode（流行りの）、au pair（助け合って。例えば外国の家庭に住み込ん
で、家事を助けながら言葉を習う女性）、au courant（情勢に明るい）、au
contraire（反対ですよ！）、cause célèbre（有名な事件）、avant-garde

（前衛派）、déjà vu（ありふれたもの）、fin de siècle（世紀末的な）、de trop（返って邪魔な）、de rigueur（儀礼の上で必要な）、RSVP（お答えをよろしく）などの複雑な言葉まで、まだ言葉を見慣れていない人が多いと思われるときはイタリック体や大文字で書かれ、常用化されたと思われるときには普通のフランス語で書かれます。勿論、これらの他にも沢山あります。料理や飲食料や洋装の分野になると、英語で使われるフランス語は更に増えます。

　英語の特徴はその語彙の多さの他に、その律動と簡潔さと柔軟性（例えば Stop and go、hardcore、swap）のせいで、用語が生き生きしている事です。

　その他に、音節の短い副詞を多用すること、受動態を多用すること、現在分詞を多用することも特徴でしょう。

　ドイツ語系の英語は、フランス語系の英語より一般に短いのが普通です。更に英語では、ドイツ語風に名詞を何個も連ねていったり、又は、幾つかの単語をハイフォンで結んで合成語を作る事ができるので、とても便利です。

　その代わり、その便利な分だけ、正確度と明瞭さが欠ける事になります。例えば "Youth Association" と言う時、青年の為の協会か、青年から成る協会か、明瞭ではありません。フランス語では必ず、「の為の」とか「から成る」を意味する前置詞を挿入しなければなりません。

　パリに本部を置く「経済協力開発機構」は英語では "Organization for Economic Co-operation and Development" であり、一般に略号で OECD と呼ばれます。しかしこの英語を見ますと、"Economic" は "Co-operation" だけを形容するのか、それとも "Co-operation and Development" の両方を形容するのか不明であり、更に文法的

には "Organization for" は "Economic Co-operation" のみに掛かるのか、又は "and" の後の "Development" にも掛かるのか、明確ではありません。

　この機関はフランス語では "Organisation de cooperation et de developpement economiques"（略号では OCDE）と呼ばれます。使われている単語は英語と仏語で殆ど同じですが、仏語では名詞の後に付く形容詞 "economiques" が複数になっているので、この形容詞は "cooperation" と "development" の両方を形容している事が明瞭になります。また "Organization" の後に "of" が繰り返して使われている事から、"economic cooperation" と "economic development" は夫々が直接に "Organization" を形容している事も明確になります。従って、この仏語を文字通りに英語に直せば、"Organization of economic cooperation and of economic development" となり、極めて明瞭になります。これがフランス人の誇る、フランス語の〝正確さ〟です！

ビスマルクができなかったこと

　19 世紀の初めはナポレオンの時代で、ベートーヴェンはナポレオンを称賛して、交響曲 3 番を作曲し「ボナパルト」と命名していましたが、ナポレオンが 1804 年に皇帝になったのに怒って「エロイカ」という題に変え、自分の擁護者であるドイツ人の大公に捧げてしまいました。当時のドイツは、ドイツの英雄を模索していたようです。ドイツの別の偉人ゲーテもナポレオンの崇拝者で、1830 年に、

「フランス民族は過激者の民族で、何の節度も知らない。強力で、精神的、肉体的なエネルギーを備え、フランス国民は、ある支点を見つければ、世界を蜂起させる事ができよう」

と述べました。そのほぼ10年後には、別のドイツの偉人たち、マルクスとハイネはパリに惹かれ、そこに滞在し、それぞれ、将来の労働者社会と、愛と詩の構想を練っていた時代でした。その頃に、オットー・フォン・ビスマルクが現れました。

　アングロ-サクソン族の故郷の北海沿岸からエルベ河を上って行って、ハンブルグを縦断し、しばらくするとプロイセン国のベルリンに到ります。オットー・フォン・ビスマルクはそのプロイセン国で生まれ育ちました。プロイセン人も昔のアングロ-サクソン族に劣らず回りの国々に恐れられ、国が軍隊を持っているというより、軍隊そのものが国を作った、と悪口を言われるほどでした。

　1839年、ビスマルクは18歳になり、ゲッチンゲン大学生の時にアメリカ人のジョン・モットレーと同室し、既に国際感覚を味わっていました。また既に、そのアメリカ人を支配しようとする強い性格を持っていました。

　若い頃のビスマルクは女好きで、成績はよくない。しかし外国語だけは得意で、そのせいかどうか、ドイツ女性ばかりか、イギリス女性やフランス女性もモノにしました。血の気が多かったのか奇行も多く、ゲッチンゲン大学の学生時代には寝間着のまま町を徘徊し、ニタついた者には誰彼となく決闘を申込み、数週間の内に20回を超す決闘を仕掛けたと言われます。彼の顔に決闘の傷が残っていたかどうかは不明ですが。

　ビスマルクは、プロイセンのフランス大使やロシア大使となり、持って生まれた北ドイツ語の他に、仏英露語の3カ国語にも堪能で

した。ただ彼は、語学の為には大した才能を浪費することもなかっ
たはずです。英語はもともと北ドイツ語の方言みたいなもの、その
上にフランス語を学んだから、英語は自然に分かったはず。ロシア
語だけは特殊技能です。しかも彼は言葉の問題に敏感で、アメリカ
が英語を公用語として採用し、ドイツ語を見放した歴史には少なか
らず失望していたに違いありません。

　ビスマルクの決闘の癖は50歳になっても治らず、憎む政敵で病
理学者のルドルフ・フィールヒョウ（VIRCHOW）に決闘を申し込み
ました。一説ではフィールヒョウは、決闘なんか野蛮だ、と断った
そうですが、別の説によると、フィールヒョウは決闘を2本のソー
セージでやろう、と応答しました。1本は無菌ソーセージ、1本は
病原菌を繁殖させたソーセージ。決闘は挑戦された方が武器を選ぶ
ことができるので、フィールヒョウの提案は習慣に合っており、ビ
スマルクは文句を言えなかった。更にフィールヒョウはこう言った
と想像します。

「宰相が好きな方のソーセージを選びなさい」

　ソーセージはチャンバラに使うのではなく、口に入れるためでし
た。ビスマルクがもし無菌ソーセージを選べば卑怯者と呼ばれるだ
ろうし、感染ソーセージを選べば大馬鹿として歴史に残るでしょう。
ビスマルクは決闘を中止しました。この話を聞くと、ドイツ人には
ユーモアがないという俗説は嘘であることが分かります。

　ビスマルクはプロイセンの王様ウイルヘルム1世に大きな影響力
を持ち、プロイセン王家の皇太子夫人はイギリスのヴィクトリア女
王の長女でしたから、ヴィクトリア女王がドイツ好きだった事は想
像できます。

　ビスマルクがナポレオン3世のフランスを打ち破ったのは1870

年ですが、それ以降、彼の率いたプロイセン軍の、頭に槍先を付けた兜は、フランスの子供達を震撼させる恐怖の象徴となりました。当時の病原学者ルイ・パスツールは、プロイセン国に対するフランス人の恐れを、次のように表現しています。

「横柄で、野望を持つ、悪辣な国。隣の国々に対してあらゆる手段を講じ、そして広がる。病的に蔓延ると言ってもよいやり方で、不潔な癌みたいに……」

ただ、ライン河の反対側では、ビスマルクはドイツ語圏の民族を纏め、強力なドイツ国家に統一しましたので、ドイツの父と呼ばれるようになりました。

アメリカ独立後の1795年、アメリカ合衆国が公用語を選んだとき、1票差で英語がドイツ語に勝った、という噂話は有名ですが、少し端折って語られたようなところがあり、また確とした証拠もないようです。確かに一時期のアメリカでは、ドイツ系アメリカ人がイギリス系アメリカ人の数を凌駕する時期がありました。ただ、英語人口はイギリス系の他に、アイルランド系もいます。英語票が独語票を上回ったのだとしたら、両者を合わせるとドイツ語人口より少し多くなったはず。

しかしビスマルク時代のドイツの各地方は、英語ではなく、フランス語の影響下にありました。

そして、言葉の問題は聖書とも関係があります。12世紀ピエール・ド・ヴォーは聖書を、初めて庶民の言葉、フランス南部の方言、に翻訳しました。彼は私財を貧者へ与え、放浪説経者となりましたが、その教えを継承した一派は後世にはカトリック教会や時のルイ14世に迫害され、アルプスの山中に避難しました。ピエール・ド・ヴォーはマーチン・ルッターやジャン・カルヴァンによる宗教改革

運動の前駆となったと言えるでしょう。ヴォー派の一部はドイツの南部のバーデン州やヘス州やヴュルテンベルグ州に移住し、そこの首長達は、彼等が宗教や公用にフランス語を使い続ける事、石造りの家を建てる（彼等が他所へ移住するのを防ぐため）事を条件に、土地を与えました。それから数世紀にわたり、ドイツ南部の人々はフランス南部の新教徒達の伝統で生活し、1870年頃も軍隊の中にはフランス語しか知らない兵隊がたくさんいました。しかし、フランスと敵対していたビスマルクは、

「ドイツ南部はフランス語圏になってしまっており、ドイツ兵隊はフランス語しか話さないのは怪しからん」

　と、そんな状況に非常に怒りました。

　しかし当時はドイツ全般でも、フランス語の影響がとても強かった。ビスマルクの本拠のプロイセンでは、軍隊での最高の栄誉は1740年に創設された勲章を得ることでしたが、その勲章にさえ“Pour le Merite”（功績のために）と仏語で彫ってある程です。

　一方では、ビスマルクの国プロイセン、特にベルリンには、多数のフランス人新教徒（ユグノー）がフランス旧教徒からの迫害を逃れ、宗教避難民になって住み着いていました。一時はベルリン住民の4人に1人がユグノーだったそうです。これらユグノーはフランス皇帝ナポレオン3世がプロイセンに侵入してきた時にドイツ側につき、ビスマルクは、

「ユグノーはドイツ人にも増すドイツ人だ」

　と称賛しました。

　ビスマルクは、本人は幾つもの外国語に堪能だったのに、ドイツ語を尊重し、ドイツ語圏を纏めようとして、ドイツ語の状況には非常に繊細でした。

　アメリカの独立戦争で、プロイセンのフリードリッヒ・フォン・ストイベン男爵はアメリカ軍の助けに出かけ、Valley Forge で通訳に、軍隊に英語で通訳するように頼んだら、通訳はその必要はない、と答えました。その軍はドイツ人の移民者の軍だったのです。アメリカは兵隊には国籍を与え、敵軍から寝返った兵隊にも与えました。男爵もイギリス人を追い払った後にアメリカ国籍を与えられました。

　そう、ロックフェラーという富豪がいました。彼はもともとロッシュファイユ又はロックファイユ（岩葉）という姓の、フランス系の新教徒（ユグノー）で、アメリカに移住してスタンダード・オイルという会社を興し、大金持ちになりました。この会社は現代ではエククソン・モビルという大会社に発展しています。

　しかしこれはフランス側の説であり、ドイツ側は、ロックフェラーはライン河のフランス対岸にあるドイツのラインランド－プファルツ州のファール村、あるいはロッケンフェルド村出身のドイツ系で、ロッケンフェルドが 1723 年にアメリカに移住してロックフェラーになり、スタンダード・オイルを設立した、と主張していますので、真実は分かりません。しかしロックフェラーが渡米したのは金を儲けるためではなく、新教徒としての信教の自由を求める為だった事が分かっています。その点からは、ロックフェラーは、フランスでの新教徒迫害を逃げてドイツに住み着いたユグノーの子孫だ、という説は説得性があります。最近、ロックフェラー家の子孫の 1 人がフランスに、家族とゆかりのある城を購入したそうですから、その辺に真実があるのかもしれません。

　フランスとドイツはライン河の左岸と右岸で分かれてしまった人種なので、どちらの国籍であってもおかしくありませんが、盲目的な愛国心が入ってしまい、それが戦争へ通じます。そのような愛国

心のことは英語で「ショーヴィニズム」と言いますが、これは我が国のショーヴァン氏の考えから来ているそうですから、やはりフランス人は意味のない誇りが好きなのでしょう。

　こんな「ショーヴィニズム」は"OK"という省略語の起源の話を思い出させます。語源学者のリード氏によると、ドイツ人は Oberst Kommandant（大佐殿）と言う呼びかけ語が起源だと主張し、フランス人は自分等がハイチ島に開拓した、特上のラム酒を生産する町 Aux Cayes（オーケーと発音する）から来ると主張しています。アメリカは候補が豊かで、市民戦争の間に兵隊へ配給したビスケット Orrin Kendall の頭文字、又は 1620 年に英国教会を逃れ、メイフラワー号で米国マサチューセッツ州に上陸した清教徒達が祖国へ送った誤字の通信 "Oll Korrect" の頭文字、又は旧大統領の愛称 Old Kinderhook の頭文字、又は第 1 次世界大戦中に死者がいなかった日には上司に "0 Killed" と報告し、それが OK になった、と主張しています。イギリスにはあまり根拠がないらしく、単に、アメリカが OK という言葉を使い出す前から使っていた、と主張しているだけです。

　更に、先に述べた、オクシタン語の oc が OK の前身だ、という説もあります。時代としては、これが最も古いようです。しかしどの説にも、確とした証拠はありません。

　アメリカの州単位では、ペンシルヴァニアではドイツ系が住民の 3 分の 1 を占め、その他にも、メイン州とルイジアナ州ではフランス系が、カリフォルニア州とニュー・メキシコ州ではスペイン系が多く、彼らを宥めるために 2 カ国語制度を採用する運動がありました。しかしアメリカ合衆国としては「英語のみ」政策を押し通しました。しかし国語の問題は、19 世紀になっても燻り続けました。

そしてアメリカの中西部にはドイツからの移民が多くなりました。

1839 年、ペンシルヴァニア州とオハイオ州は、両親が望むなら、学校の学級ではドイツ語で教育すべし、という法律を通しました。1850 年までにはそのような法律がイリノイ州、アイオワ州、ケンタッキー州、ミズーリ州、ネブラスカ州までに広がり、その内に更にインディアナ州、ミネソタ州、ウイスコンシン州が加わったそうです。1880 年までには、ドイツ系アメリカ人の子供の 5 人に 4 人は英独 2 カ国語の学校に入りました。

1900 年頃まで、ドイツからの移民が多いオハイオ州やその他の幾つかの州では、小学校では英語とドイツ語の 2 カ国語で教育がなされていました。アメリカ全体としては、小学生の 4 ％は少なくとも一部はドイツ語で教育されていました。

ただ、第 1 次世界大戦でのドイツとの戦争の後に、ドイツへの敵意から、中西部のオハイオ州とインディアナ州では、子供への外国語教育で、ドイツ語を学ぶのを法律で禁じた程でしたが、それらの法律は憲法違反とみなされました。

実際、アメリカでは、多くの州が英語を国語と指定していますが、国家としては国語を指定していないのが現実です。例えばカリフォルニア州は英語が主要な言語であることに間違いありませんが、多言語の州として有名です。

アメリカの独立時に官用語を決める時、英語が 1 票の差でドイツ語を抑えたという伝説みたいな話は先に述べましたが、アメリカ一般には、それほどドイツ系移民の影響が強かったのは確かです。

ビスマルクはドイツ統一の父と言われていますが、晩年の 1897 年、若い記者と会見し、次のような会話を交わしました。

「宰相が過ごされた現代歴史の中での決定的な出来事は、何だと思

われますか」

「北アメリカが英語を話すようになった、という事実だよ」

彼はその翌年に亡くなりました。

19世紀はドイツ語を学ぶのが粋な時代でした。イスラエル建国に移民した最初のユダヤはドイツ語を国語にすることさえ考えました。しかし、2つの世界大戦がドイツの像を破壊してしまいました。それでもドイツの経済が復興してから、ドイツ語の学習者は2010年と2015年の間に4％も増えました。これは歴史の上からは、大きな変遷だと言えるでしょう。

英語化への抵抗、ドイツ版

現代になってからドイツは、仏語の代わりに、英語の侵入でそれなりに苦労しています。ドイツ語に入った英語はドイッチ（ドイツ語）と混ざり、デングリッシュとも呼ばれ、それに対抗するために、15年ぐらい前に「ドイツ語協会」が作られました。ドイツでは眼を引くために多くの英語が使われ、例えば車の販売宣伝では使われた英語のせいで、4人に1人のドイツ人にしか本当の意味が分らなかった、という調査があります。

ドイツ鉄道では職員に通知を出して、bonus, business class, non-stop, package deal, snackbox, lifestyle などの2,000以上の英語はドイツ語で置き換えるようにしました。しかし brunch, container, sandwich, VIP などは、今ではドイツ語になった、とみなされました。

最近はフランスのテレヴィで、ドイツ車の宣伝に "Das Deutsches

Auto"（ドイツ製自動車）と、ドイツ語だけが使われ、それが逆に評判になりました。車ならドイツ、という誇りがあったし、フランス人もそれを認めていたからでしょう。何れにしろ、何もかも英語で、という世界で、俗人には正確には分からないドイツ語だけを使った宣伝は、大いに成功したようです。

　ドイツ語は昔から外来語で溢れ、既に 1617 年、外来語（当時は特にフランス語）からドイツ伝統の言葉を守ろうとする運動で、「実り多き協会」を設置しました。意外にも、名高いフランスの「アカデミー・フランセーズ」より 30 年以上も先んじる訳です。

　そして 2007 年、「新・実り多き協会」なるものができました。その調査では 7,200 語の英語の単語がドイツ語に入りましたが、その内の 5 分の 4 にはちゃんとした代わりのドイツ語があるのに、と嘆いています。それでもドイツはフランスと違い、ドイツ語をドイツ国家の公用語とするような法律は作っていません。

　ドイツには外国学生を誘致するために、英語だけで教育する大学があります。ブレーメンのヤコブス大学ですが、ドイツ人が 30％ で、残りは世界中の 100 カ国以上の国からの学生です。感じとしてはドイツ人には人気があっても、外国学生には、ドイツまでやって来たのにドイツ語さえ覚えられない、という不満があるそうです。

　英語はその言葉と共に、習慣を伝達します。ドイツでは大学の教授には今でも「プロフェッソール」という称号を付けて呼びかけます。恰好を付けたがるフランスでさえ、この反エリートの時代では、教授も乞食も「さん付け」の「ムッシュ」で呼びかけてよいのですが。

　ドイツでは、親戚と友達と子供と動物だけは "Du" つまり「ドウー」（君、または、お前）で呼び、残りは全て "Sie" つまり「ジー」（貴

方）呼びするのが普通でした。ただ、社会党や共産党の党員同志が「ドゥー」で呼び合い、保守党員同志は「ジー」で呼び合うのはあり得る事でしょう。

それはアメリカでの「名前呼び」と「姓呼び」に該当するようですが、アメリカではあらゆる人間を名前または渾名でよび、姓で呼ぶのは、手術中の外科医に「よろしくお願いします」と頼む時だけだ、と誰かが言っていました。

ところが最近は、アメリカの習慣がアメリカの輸出品と共にドイツに入り、カフェ「スターバックス」に行くと、店員は最初から君呼びをし始め、団体旅行の幹旋会社では、参加者は現地に着いたら皆が「君、僕」呼びをするように、との指令があったそうです。

考えてみればフランスでも、若者を相手にした「休暇の家」なんかでは、知らない者同士が最初から"Tu"（君・僕）を使って会話するようになりました。

ここにドイツ人のクルート氏の話があります。アメリカで長く過ごしたあと故郷ドイツに戻った時に困りました。アメリカみたいに"Du"呼びでよいのか、ドイツ語の丁寧な"Sie"呼びの方がよいのか。思案にくれた後、彼はついに、会話を全て受動態で行いました。そうすれば相手を指名しないですむからです。しかしそれにも限界があり、状況によっては能動態での呼びかけが必要になりました。そしたら結局は、2人とも英語で話し始めてしまいました。これらは英語の発展と共に、アメリカの習慣が世界に広がった例です。

現代のアメリカではドイツ語の旗色が悪く、現在のアメリカの高校生が選ぶヨーロッパの言葉は、1番がスペイン語で「役に立つから」、2番はフランス語で「ハイカラだから」、3番はイタリア語で「その異国情緒のため」と言われます。ドイツ語はイタリア語ととん

とんです。

　アメリカの大学では、1番学ぶのはスペイン語、2番がフランス語で、ドイツ語の2倍。ドイツ語が学生に好まれない理由はそれが難しいという定評のせい、現代のラテン語みたいになってしまいました。ドイツ語が使われる最後の砦は考古学、強いて言えば医学もでしたが、そんな時代も終わり、今では全てが英語に変わりつつあります。

ドイツの復讐

　ジョン・ブルは典型的な上流社会の英国人で、しかも知識人です。イギリスのケンブリッジの近くに大きな農場を持ち、ヨーロッパの農業補助政策のお陰で定期的に豊な補助金を受け、小作人に任せて生活するジェントルマン・ファーマーで、選挙では先祖代々から保守党へ投票します。ただ生活が少し単調で、退屈になってきました。そんな時、アメリカのボストンで米国リベラル派の政治会議があると聞きました。そこでひとつ、同じ政治哲学を持つ米国の仲間に会いに行こうと思い立ったのです。ボストンの近くにはケンブリッジという町がある。英国ケンブリッジの先祖達がアメリカへ移民して建立した町に違いありません。その米国版ケンブリッジも訪問してみようと思いました。

　ボストンの会場では、会議は一種のお祭りで、演説者が次から次にこぼして行く米国の英語、フィードバック、アップテイク、ボトムアップ・サポート、ストリーム－ラインド・システムなど、ジョン・ブルには主題とどう関係するのかがはっきりせずに困りました。

米語は、表現は簡単ですが、農業を営むジョン・ブルには実体がよく摑めず、概念が不明瞭なのです。長い、抽象化された名詞の連続。ジョン・ブルは少し疲れを感じ、会場を離れ、飲物を求めて「参加者の憩いの場」に行きました。そしてそこで、米国リベ<u>ラ</u>ル派の男と知り合ったのです。彼は、自分の名はジョンだ、ジョン・ベアだ、と自己紹介しました。ジョン・ブルは最初ジョン・ベアのアメリカ訛りで苦労しましたが、むしろ旅行の異国情緒として楽しむ気持ちになりました。

「欧州ではカナビスの合法化が大きな問題だが、私達の反対運動がどうにか大過失を食い止めている。アメリカはどんな情況か？」

「合法化すべきだと思う。中間業者が青年達に高く売り付けて儲ける現状をみると、そう思うようになる。私の子供さえ吸っている」

　ジョン・ブルはすこし心の安寧が崩れてきました。しかし、リベ<u>ラ</u>ル人の間では他人の考えを尊重しなければなりません。黙って耳を傾けました。ジョン・ベアは続けました。

「しかも息子の学校では、<u>ラバー</u>の無料分配が検討されている」

　ジョン・ブルは真剣な顔になって相手を中断しました。

「アメリカにはゴムを持っていない子供がいるのか。鉛筆はどうするのだ」

　ジョン・ベアは一瞬たじろぎましたが、ハッハッハと笑い飛ばしました。

「ジョーク、例の英国ジョークだな？」

　ジョン・ブルは仕方なく苦笑いを返しながら、ハタと気が付きました。アメリカでは我が国の人間国宝コンドーム医師、その医師が発明したコンドーム製品のことは知られていないのかもしれない。しかしジョン・ブルは本当の紳士です。すぐに話題を変えました。

106

「ボストン方面からケンブリッジに着く前に "lake"（湖）があるな」

　ケンブリッジの近くを車で通ったときに池にぶち当たり、出口が分からずに困ったことを思い出したからです。ジョン・ベアは頭の中でその地方を、磁気線でやるように走査していましたが、すぐに結論をだしました。

「No way！　もっと西の方ならオンタリオ湖やエリー湖はあるけど」

　ジョン・ブルは一瞬、湖からの出口がないのかと思いましたが、どうもそうではない、単に湖なんかないと言っているようでもあります。ジョン・ブルは湖の横に立っていた "DRIVE SLOW" という標識を思い出しました。英国での "Drive slowly" に当たるのでしょうが、ジョン・ベアとの会話に慣れるには、実にこのような細かい調整が必要なのです。

「いや、ケンブリッジのすぐ近く、確かフリッジとか何とか言った」
「何だ、lake（湖）ではない、あの pond（池）のことか。君の話しているのはフレッシュ・ポンドのことだろう？」

　普通のプール（水溜り）やポンド（池）やレイク（湖）では、水が何処かから入り込み、何処かへ流れ出るので、河の変形とも言えます。従って長方形の池の広さは幅の広さで定義する方が適切です。

　英国では幅35メートルを境目に、それ以下の水溜りをポンドと呼び、それ以上の水溜りをレイクと呼びます。アメリカではその定義の桁が違うようで、レイクと呼ぶとオンタリオ湖やエリー湖みたいに、海みたいに広い水溜りになってしまうのでしょう。

　ジョン・ブルはうまく話が通じないことに気疲れを感じ始めて、話題を歴史へ変えました。歴史は世界共通だからです。

「米国が独立するときに英語が公用語として選ばれたが、際どくも、

たった1票の差で独語の挑戦を退けたと訊いた。お陰で米国と英国は偉大な文化を共有する家族となったな」

ジョン・ベアは答えます。

"That is history, john"（ジョン、それは歴史だよ）

英国のジョン・ブルは、我が意を得たり、とばかりに合槌を打ちます。

「うん、それが歴史だ。19世紀末、ドイツ建国の父オットー・フォン・ビスマルク宰相はある記者に訊かれた。『近代歴史で最も決定的な出来事は何だとお考えになりますか』。彼は答えたそうだ。『それは北米人が英語を話すという事実だ』と」

ジョン・ブルにとっては、自国の英語が米国でも話されるようになったのはイギリスの勝利であり、歴史として非常に重要なことでした。

ジョン・ベアは同じ言葉を繰り返しました。

「ザット・イズ・ヒストリー、ジョン（ジョン、それが歴史だよ）」

そうです。ジョン・ブルにとってはそれが歴史なのです。歴史に学ぶことは非常に重要なのです。しかしジョン・ベアは、ジョン・ブルをからかうように言いました。

「ロジャー・シャーマンを知っているか、彼は独立宣言の作成者の1人だ。ロジャーはこう提案した。我々アメリカ人が英語を話すから、英国人はギリシャ語を話すようにしたらよい」

ジョン・ブルの理解に反し、どうもジョン・ベアは、歴史は過ぎ去った過去のことであり、現在とは関係ない、と言っているようなのです。ジョン・ブルは軽く抗議しました。

「何れにしても、ドイツ語には律動感が欠けるから、君の米国で使うには相応しくない。貴国の偉大なマーク・トウエインは言った。

『ドイツ人が文を作り始めると、それが彼の顔を目にする最後となり、彼は口の中で動詞をモグモグと呟きながら大西洋の反対側に姿を現す』と」

ジョン・ベアは怪訝な顔をして尋ねました。

"How come that ?"

英国では聞きなれない英語ですが、"Why ?"（なぜ？）と訊いているようなので、ジョン・ブルは説明しました。

「ドイツ語では、長く続く文章の最後の最後に動詞が添加されるので、ドイツ人が何を言いたいのかが最後まで分からないことを皮肉ったのさ」

ジョン・ベアはジョン・ブルの博識さを認めながらも、米国人としての見識を示さねば、と思ったようです。

「トウエインの時代には、米国での言葉の問題のけじめがはっきりついていなかったので、ドイツ語に対する反宣伝をしたのだろう。でも今の時代に、ドイツ語促進運動が復活して来る心配はあるまい」

ジョン・ブルは指を交差させ、イギリス風に希望を込めて言いました。

"Let us hope"（そう期待しよう）

ジョン・ベアは意識もせず、止めを刺すように次の言葉を吐きました。

"Hopefully"（そう期待しよう）

ジョン・ベアは感じていないようですが、ジョン・ブルはケンブリッジ育ちの教養からすぐに感知したのです。英国の英語には"Hopefully"というような表現はありません。これはドイツ語"Hoffentlich"を直訳した英語です。ジョン・ブルはケンブリッジのフレッシュ・ポンド付近を運転したときの標識も思い出しました。今の

米国の英語が副詞の代わりに形容詞を用いるという事実です。更に会議中の講演者が動詞の代わりの長い合成名詞を用いる事実です。これらはさながら、英語を装った独語なのです。これは18世紀にドイツ語がアメリカの国語になり損なったことへの復讐です。フォン・ビスマルク宰相が生きていたら、さぞかし今の状態に満足することでしょう。ドイツ人の復讐です。更にジョン・ブルは気が付きました。ジョン・ベアは胸に会議参加者用のバッジを付けていますが、その姓「ベア」はイギリス系の "BEAR" ではなく、ドイツ系の "BEHR" だったのです。

　ジョン・ブルは少し油断していましたが、実はジョン・ベアもかなりの知識人で、トックヴィルの本を読んでいたらしいのです。
「1830年代、米国に旅行したアレクシス・ド・トックヴィルは、米語が英語から離れていく兆候を既に見抜いていた」
　ジョン・ブルは即座に答えました。
「それはまずいな」
「君の言うフォン・ビスマルクがドイツ国家を作る少し前の話だろう」
「1830年代なら、ビスマルクはまだガキだった筈だ」
「米国英語の発展は、民主主義の力のお陰だ」
「民主主義？」
「商売上の合言葉や、工場で使う俗語や、今ではスペイン語が英語に入り、民主的な政治家や作家がそれらを好んで使ったからさ。文学界の星ジュノ・デイアズの小説を読んでみろ、スペイン語が分からないと内容も分かるまい。民主化！　米語が英語に比べて最も優れている点だ。僕等、リベラル派の勝利だ」
　ジョン・ブルは自分がおかしな立場にいるのを、もう疑ってはい

ませんでした。しかし確認の為に尋ねました。

「ジョン、君は何党に属するのかね」

「もちろん民主党だよ、ジョン。僕も一介の進歩派だからな」

　ジョン・ブルには米語は充分に通じなくても、全てが明瞭になりました。「リベラル」（自由主義）とは、英国では右派の保守派を指すのに、米国では左派の民主党を指すらしいことです。英国では右派の保守党は国の干渉を減らすと言う意味でリベラルであり、左派の労働党は資本主義を放任せず、組合の意志に依存するという意味でリベラルではありません。結局、リベラルとは何でしょう。米国では伝統からの自由を求める意味でリベラルですが、英国では規則からの自由を求める意味でリベラルなのでしょう。

　でもジョン・ブルは、自分が米国のこんな土地にまで迷い込めた、そんな生活の余裕が誰のお陰かを痛いほどよく知っています。それは欧州委員会のお陰、その反リベラルな農業補助政策、アメリカでなら超リベラルとも言える農業政策のお陰です。英国のジョンはそのことは口にしないまま、米国のジョンに別れを告げました。

一番乗りの悲劇、北米大陸版

　アングロ-サクソン系の英語圏の国は基本的に自由主義で、特定の場合から一般性へ広がり、市民社会から、判例を政治模型とする国家へ進みました。

　それに対してフランスは中央集権の国で、世界で一番古い民族国家（Nation-State）と言われます。アングロ-サクソン系の国に比べると個人主義的性格と他人に対する猜疑心が強く、時のエリートが勝

手に一人で方針を決めるので、いろんな場面で世界の一番乗りになることが多い。ところが皆の総意が取れていないので、後の組織が悪く、秩序だった後続者には負けてしまいます。心理学的にも、急いで取られる決定より、時間を取ってなされる決定の方が誠実真摯だ、と言われます。アメリカ大陸やインド大陸での英仏闘争はそんな国民性の発現でもありました。

かくして、私の祖国フランスはギヨーム公爵によるイギリス制覇を除いては、いつもイギリス戦力に押されっぱなしです。フランス人はヴァイキングによるカナダ北東部の島への移民（1021年頃）にこそ遅れをとりましたが、北米大陸に住み着こうとした稀なヨーロッパ人です。

1524年、フランス王フランソワ1世はアジアへの西回り航路を見つけるために、イタリア人のジョヴァンニ・ダ・ヴェルラッツァーノを雇い、アメリカ大陸へ送り出しました。

彼はコロンブスの航跡を追って、今のニューヨーク近辺の幾つもの湾を発見し、今のブルックリンとスタッテン島の間に魅せられ、錨を下ろしました。そこに「新フランス」の標柱を立て、後でニューヨークになる場所を王様（兼アングレーム伯爵）に捧げて「新アングレーム」と名付けた。ジョヴァンニは自分の見つけた楽園に戻ろうとして4年後に航海してカリブ海の島に中継し、そこの土民に捕まって食べられてしまいました。オランダ人がそこに入植を始める、ほぼ100年前の事でした。

ヴェルラッツァーノの1524年の探検に参加したと思われるジャック・カルチエは、更に1534年から2回もカナダを探検していました。

ところが1542年、フランソワ1世はジャン-フランソワ（名）

ド・ラ・ロック・ド・ロベルヴァル（姓）という新教徒をカナダ副
王に任命しました。彼は 100 人の植民と共に、現カナダの東海岸に
基地を置いてあった「新フランス」へ出発し、ケベックのサン・ロ
ラン河（英語ではセイント・ローレンス河）に沿って、砦と町と、旧教
と新教の教会を建設しようとしました。

　ロベルヴァルはカルチエの上役になってしまい、カルチエは快く
思う訳はありません。カルチエはロベルヴァルの命令に逆らって、
カナダの金ピカに光る鉱石（金やダイヤモンドと間違えたらしい）を積
んで、ロベルヴァルとすれ違いでフランスへ帰航してしまいました。
こんな組織力の欠陥、無秩序、謀反は、現代のフランスでもしょっ
ちゅう起こることです。

　ロベルヴァルの試みは北米大陸の最初の植民地化で、イギリスに
先立つものです。彼等はカナダを北上して北西部、まだ知らない北
極海ひいては太平洋側への出口を探そうとしましたが、氷河のせい
で成功しませんでした。植民地は寒さと飢餓と壊血病のせいで閉じ
られてしまい、ロベルヴァルはやっとの思いでフランスに帰国しま
したが、時は宗教戦争の始まった時期、彼はパリでカトリック教徒
達に他愛なく暗殺されてしまいました。

　その後ケベックの植民化は、1608 年のピエール・デュ・ギュア・
ド・モンや、サミュエル・ド・シャンプランに引き継がれることに
なります。

　別の動きで、1562 年にはフランスの新教徒「ユグノー」の 150
人がアメリカの東海岸、南カロライナに入植しました。これはスペ
イン人がフロリダに基地を作る 3 年前、イギリス人が北カロライナ
に植民を試みた 20 年前のこと、米国に定植した最初のヨーロッパ
人でした。しかし指導者ジャン・リボーが植民探しに帰国している

間に、現地で謀反が起こり、植民地は 1 年と続きませんでした。

　一方でスペイン人は、既に 1520 年代にフロリダに達していました。更に 1598 年、スペイン人のファン・デ・オニャーテ・イ・サラザールは、アメリカのサンタ・フェ（ニュー・メキシコ州がアメリカの領土になる前）に町を築いていました。

　その少し前の 1585 年、イギリスのウオルター・レイリーは北カロライナに植民しました。

「スペインから〝世界の鍵〟を奪い取るのだ」

　それがレイリーの目的でした。ヴァージニア州の南のこの地方は地形が込み入り、大西洋から容易に太平洋へ行ける道だと誤解したからでもありました。そしてロアノウク島に 118 人を植民しました。しかし 1587 年、隊長のジョン・ホワイトが糧食を求めにイングランドに戻り、3 年後にその島に帰ってみると、砦は放棄され、植民は何の形跡も残さずに消えてなくなっていました。その中には、アメリカで初めて生まれたイングランド人、ホワイトの孫娘もいました。

　そして 1607 年、イギリスの商人冒険者たち 104 人はヴァージニア州のジェームス・タウンに定住し始めました。当時のポトマック河にはニシンが溢れ、ジェームス・タウン植民地の人々は、ニシンを揚げ物用鍋で掬ってボートに積み上げた位でしたので、狩猟に依存する通常の開拓者に比べて、食料状況には恵まれていました。

　1620 年には 102 人を積んだ「メイフラワー号」が英国南部の「プリマス」の港から出港しました。名前は綺麗ですが、この船は英仏海峡で葡萄酒の運搬に使われていた小船でした。その中には英国教会からオランダに追放されていた清教徒の他に、「新イングランド」のビーヴァーの毛皮で儲けを企む 65 人の冒険家がいました。こん

な変な組み合わせになったのは、もともと2隻の船で航海する予定が、1隻の方が浸水してしまったせいで、102人は缶詰のようにワイン運搬船に詰め込まれてしまったのです。その際の黙示録的な状況はリチャード・ホレッジ氏が述べています。

　乗船した清教徒の中には3人の妊婦と数人の子供がおり、妊婦の1人は航海中に無事に出産しましたが、他の2人は、それぞれ出産と死産の後に死亡してしまいました。メイフラワー号は大西洋を渡り、およそ100日後に新大陸のマサチューセッツに入植し、その地を出港地と同じ「プリマス」と名付けました。厳しい生活の為に伴侶を失う者が多く、生き残った者の間では、悲しみから癒える間もなく再婚し、子供を作らなければなりません。それが植民地を存続させる唯一の手段だったからです。かくして入植は1660年まで続き、現在ではその子孫が3,000万人おり、6人はアメリカの大統領になりました。

　1621年、オランダ植民はニューヨーク近辺に到着し、そこをニュー・ネザーランドと名付け、その中心の、今のマンハッタンに当たる場所をニュー・アムステルダムと名付けました。

　しかし、そのニュー・アムステルダムは1667年にイギリスに占領されてニューヨークと改名されました。最終的には1667年の条約で、オランダがニュー・ネザーランドとニューヨークへの主権を放棄し、代わりにイギリスは、紛争中の南米のスリナムと、インドネシアの香辛料の島ルン島をオランダの為に放棄することになりました。

　スリナムは一時イギリス領でしたので、スリナム人の多くは昔のイギリスの奴隷人口であり、スリナム人は今でも、英語とオランダ語が混ざって発展した言葉を話します。スリナムはオランダ、ベル

ギーと共にオランダ語圏倶楽部（Taalunie）に入っていますが、同時にカリブ海の英語圏倶楽部（Caricom）と仲がよく、1995年にそこに参加しました。スリナムの政治家は英語を、オランダ語と共に、またはその代わりスリナムの国語とする計画を立てています。それはイギリスやアメリカの援助を受ける為でしょう。でもジ・エコノミスト誌は、援助を得る為なら、フランス語を磨いて国際仏語圏機構に参加した方が早道だ、と進言しています。

ラ・サール神父、ミシシッピー河を下る

1603年、フランスのポワトゥー地方とシャラーント地方の農民達が中心になって、今のカナダのケベック地方のサン・ローラン河の河口に入植し、アカデイ（英語ではアカデイア）という地方を作りました。この名は、古代ギリシャの理想郷の「アルカデイア」から派生した名だとも、そこに住んでいたインディアン族の言葉で「鮭」という意味だ、とも言われます。

1650年代には数人のフランス人が5大湖周辺を開拓しました。

歴史研究家のジル・アヴァール氏によれば、ロベール・カヴリエ・ド・ラ・サールはその内の1人で、イエズス会で教育を受けて神父になりましたが、中国行きを拒絶されて脱会し、代わりにカナダに出発しました。しかし中国への夢は消えず、西洋から南洋を求め、アジアへの通路を模索しました。

ラ・サールは5大湖のアメロ－インディアンを含む、毛皮の通商団に参加し、1676年にはナイアガラに拠点を構え、一度パリに戻り、1678年には王様からアメリカ西部（イギリス人が植民化した新イ

ングランドに比べて西側、という意味でしょう）を開拓する許可を得て、仲間を連れ、1679年にはミシガン湖の東南部にミアミ砦（英語読みではマイアミ、現地人の言葉で「大きな水」を意味する）を建造し、翌年にはミシシッピー河支流のシカゴ川を下り、アメロ-インディアンの国イリノワ（英語読みではイリノイ）に砦「クレーヴ-ケール」（断腸思いの砦）を建造しました。

　そこで50人以上の武装したフランス人と、色んな種族の、イギリス植民地の新イングランドからの種族も入れた30人ぐらいのアメロ-インディアンを募集しました。インディアンの中には女や子供を入れましたが、それは途中で出会う現地人に、探検隊は武装してはいても敵意がない事を示すための作戦でした。インディアン達は案内人としてではなく、途中での食事用の獣肉を狩猟して貰う為であり、代わりにビーヴァーの毛皮をあげました。

　時は真冬で、河は凍っており、氷が溶け始めるのを待って、やっと翌1682年の2月半ば、10数個のボートに分乗し、ミシシッピーを下り始める事ができました。オハイオを通ってアーカンソーに入った時、アーカンソー族に攻撃されましたが、平和の印を示す為に反抗はせず、イリノワ語を話す団員を通じて会話し、結局は歓待を受けて野牛の毛皮を土産にくれたほどでした。

　ラ・サールはアーカンソーを離れる時には忘れずに、記念碑の土柱を打ち立て、そこに次のような碑銘を入れました。
「オハイオの周りとミシシッピーは、フランス王ルイ14世の領地なり」

　アーカンソーからはアーカンソー族の案内を得て、更にミシシッピーを下り続けました。河を下るに連れ、巡り合うインディアンの数も増え、河はビーヴァーとカワウソの世界からワニの世界に変わ

りました。そして 1682 年の 4 月 9 日には、遂にメキシコ湾に達しました。そしてそこでは木の柱を打ち立て、乱暴にも、次のような碑銘を入れました。

「ミシシッピー河流域と、そこに流れ込む全河川と、それら河川間の陸地全体はフランス領地なり。それを『ルイジアナ』と命名する」

「ルイジアナ」とは、ルイ 14 世の地、と言う意味です。それは北米中部の膨大な部分、今の米国領土の 4 分の 1 を占めるものでした。一行には公証人も同行しており、次のように証明しました。

「この宣言はインディアン民族諸国との同意の下になされたものである」

　本当に相互理解による同意が得られたのかどうか、疑わしいものですが、この領地の獲得は、勿論、イギリスとスペインのアメリカ大陸領地化に対抗するものでした。

　何れにしろ、後で起こるオーストラリアの領土争いで、フランス人のルイ－アレノ・ド・サン・アルーアルンが、オーストラリア西海岸のタートル・ベイの中の島に上陸しただけらしいのに、本土全体を領地と宣言したのとは、偉い違いです。

　そういう訳で、五大湖とミシシッピー河の周辺にはフランス語起源の町の名が多い。「海峡」の意味のデトロワ（英語読みでデトロイト）、王様の名前の「サン・ルイ」（英語読みでセイント・ルイス）、「赤い棒」の意味の「バトン・ルージュ」、「新オルレアン」の意味のニュー・オールリーンズ等々。

　ミズーリ州にはケベックとルイジアナを結ぶ点にあるセイント・ルイスの近くに、オールド・マインズという場所があり、そこではごく最近まで、17 世紀のフランスのノルマンデイ地方とブルターニュ地方の方言や歌が話され歌われていました。しかしそれも、1939

年を境に消えてなくなってしまいました。

　文献によっては、ラ・サール一行は大陸を横断して（恐らくミシシッピーの流れも利用して）ニュー・オールリーンズに達したという記述もあります。彼らはやはりフランス人で、即興の会話好きです。その地に定着する前に、土地のアメロ－インディアンにひと言、試しに訊きました。

「どの辺に住んだらよかろうか」

　インディアンは厳かに腕を伸ばして、一方を指さしました。

「フランス人達よ、お前達が住みたいのなら、あの辺が良いだろう」

　2005年の8月にはハリケーン「カタリナ」がルイジアナを襲い、その80%が水浸しになり、何万人かが亡くなりました。しかしフレンチ・クオーターだけは高台にあったお蔭で、災難を逃れることができました。

　すぐに気が付くのは、ニュー・オールリーンズ（新オルレアン）の元であるオルレアンとは、あのジャンヌ・ダルクが侵略者イギリス軍を追い出した町の名前です。今でもパリに保存されている、当時の新オルレアンとフランス本国との手紙のやり取りによると、当時の新オルレアンでの、結婚相手の女性の不足や、助産婦の仕事や、黒人奴隷船の到着などが述べられています。

カナダでの戦い

　時代は変わり、1713年のユトレヒト条約により、フランスはアカデイア地方を放棄し、イギリスの占領地になってしまい、英語でアカデイア地方と呼ばれました。1万5,000人の農民（1万8,000人

のアカデイア人がいた、とも言われる）はイギリス王に忠誠を誓うのを拒否したので、1755 年、カナダのハリファックスにあった英国評議会は、彼等の農園や収穫物を焼き払い、彼等を小舟に乗せて追放しました。

　この事件はたいへん詩的に「大いなる乱れ」と名付けられています。追放された内の 3 分の 1 はカナダの北部へ逃げて森の中に隠れ、一部（3,000 人）はフランスへ帰国し、一部は海路を生き延びてルイジアナ州のニュー・オールリーンズに定着しました。

　昔のアカデイア地方は、今は新ブランズウイック州（仏英語併用の州）となり、米国の東海岸の最北端のメイン州に接しています。アカデイア人の子孫たちは、今では世界中に散らばっていますが。5 年ごとに同州のモンクトン市に集まり、世界大会を開きます。近くの海岸では、2 世紀半前と同じように、有名な鯨や白鼻イルカや黒シオゴトウに迎えられる事でしょう。それに料理では、名産の海老オマール！

　さて、カナダのケベックはどうなったか。そこからフランス人を追い出したのは多分にスコットランド人のお陰、彼等は大英帝国の一員である北方民族です。1759 年のケベックで、イギリスはエイブラハム平原の戦いを勝ち取り、カナダは英語の国になってしまいました。そして 1763 年、ヨーロッパでの七年戦争が終わり、パリ条約がきっかけとなり、フランスは嫌々ながら北米大陸でのイギリスの特権を認める格好になり、この条約が北米大陸での、フランス語後退の歴史的な象徴となりました。

　かくして 1803 年、ナポレオンは、ルイジアナをアメリカに売る事になりますが、この七年戦争での敗北がなかったなら、今頃はアメリカの中に、その全土の 4 分の 1 を占めるフランス帝国があり、そ

こではフランス語を話していた筈です！

　考えてもみましょう。その数年前、もしルイ 15 世とショワセル侯爵が、カナダのケベックで戦っていたモンカルム侯爵の要求に応じてアメリカに応援軍隊を送っておれば、ルイジアナ国と合わせ、今頃のカナダ、延いてはアメリカはフランス語圏となっており、英語の代わりにフランス語が世界語となっていたかもしれません。

　結局は 1759 年、エイブラハム平原の戦いでモンカルム侯爵はイギリスのウオルフ将軍に負けてしまい、歴史は他の道を選びました。終には、七年戦争に結論をつけるパリ条約の締結により、フランスは 260 年前から続いていた「新フランス」の構想、フロリダからアラバマ、ネブラスカ、モンタナ、アメリカの西部にまで広がっていた新フランスの領土を放棄することになりました。

　このように、フランスは 1760 年に「新フランス」をイギリスに奪われました。時のイギリスはジョージ 3 世の時代で、首相ウィリアム・ピットは優勢な海軍力の下に、パリ条約によりフランスを北米大陸から追い出すのに成功したのです。

　カナダという名前は、原住民のイロコワ族の言葉で「村落」という意味です。フランス人は彼らと仲良くしてカナダとアメリカを開拓しようとしましたが、イギリス人はそうではありませんでした。ジェフィリ・アムハーストは 18 世紀半ばの七年戦争で、アメリカ大陸でイギリス軍の指揮をとっていましたが、原住民のアメロ－インディアンがフランス軍に味方して戦うのを見て、彼らを「呪わしい人種」と呼び、彼らを絶滅する為に犬を使って狩猟するのを提案した事で知られています。一方、スペイン王家は既に 1542 年に法を発令し、アメロ－インディアンを隷従させる事を禁じていました。

　アムハーストは、これ迄はカナダとアメリカでイギリスの主権を

確立した人間として崇められ、多くの町や通りや学校で彼の名が付けられていました。しかし時代は変わって、昔の植民地主義者の英雄は悪い眼で見られるようになりました。アメリカのある学校では「ロード・ジェフ」（アムハーストの事）を祝うのを止めました。カナダでは町や通りや地図や学校の名前で、彼の名前を原住民の名前に置き換え始めました。カナダ全体で35万の場所の名前があるそうですが、アメロ－インディアンの名を持つのは、その内の3万に過ぎないそうなので、目的を達するには、まだ道は長いそうです。

　仏語圏のモンレアル市（英語ではモントリオール）ではアムハーストの名の代わりに、彼に反抗した原住民の人間の名前を付けようとしています。ある英字紙は、

「そんなイギリス人への当てこすりは、アメロ－インディアンのみか、フランス人をも喜ばすだろう」

　と皮肉っています。

　18世紀末のカナダは、高カナダ（英語圏）、低カナダ（仏語圏）の2つの地方に分かれていました。現在のオンタリオ州とケベック州に当たります。しかし闘争力はどうしても北方人種のイギリスの方が強かった。米国大陸の観察者として有名なアレクシス・ド・トックヴィルは、1831年にケベックの州首都モンレアルを旅行し、こう述べました。

「到る所にフランス人が多数いるが、フランス人が征服された人種であることはすぐに分かる」

　1840年には、高カナダと低カナダの両地方がカナダとして統一されました。総人口では英語圏の住民は45万人、仏語圏の人口は65万人、しかし代議士の数は同数の42人ずつ、しかも英語が公用語とされたので、両者の間の不公平は明らかでした。

　そのせいで、1850年から1900年の間に、50万人のフランス語圏のケベック人はアメリカ北部の「新イングランド」、つまりカナダに近い米国北東部のメイン州、ヴァーモント州、ニュー・ハンプシャイア州、マサチューセッツ州、それにロード・アイランドへ移住しました。これらは1,000万人以上のいわゆるWASP（ホワイト・アングロ-サクソン・プロテスタント）の国ですが、その中に今でも、50万のカトリックでラテン文化の影響の強いフランス系の子孫が住んでいます。新イングランドは俗に「南ケベック」とさえ呼ばれるようになり、メイン州では今でも3人に1人はフランス系ケベック人の子孫で、ケベックからのフランス語でのテレヴィを見る人が多い。州の名前「メイン」も、フランス中西部の1地方の名と同じです。そこからの植民が多かったせいでしょう。

　隣の州の「ヴァーモント」とはフランスのアンリ4世が派遣した探検者ヴェルモンの名前であり、首都のモンペリエはフランス南部の都市の名前。この州ではアングロ-サクソン系の秘密結社ク・クルックス・クランが活躍し、州政府は優生学的政策を試み、貧者、不具者、アメロ-インディアンのほかに、仏系カナダ人をも不妊処理を施す対象にしようとしたほどです。イギリス人一般がフランス人一般より色が白いとは必ずしも思えない（ただし英国人は、祖国に雨が多く太陽が少ない分だけ色白かも）ので、この問題は単に、英語と仏語の間での闘争の歴史のせいでしょう。

　ケベック人の一部はカナダ西部のウイニペッグへ移住し、現地のインディアンと混血し、マニトバ地方（今のオンタリオ州の西）に「混血民族の国」という珍しい名前の国を作り、フランス人とアメロ-インディアンとの混血人種はフランス語を話して生活していました。「混血民族の国」なんて奇想天外な発想は、フランス人の得意とする

ところ。例え戦争には強くなくても。

　そんなマニトバの英雄がルイ・リエルという巨人で、4分の1の
アメロ－インディアンの血が流れていました。しかしマニトバは
1870年にカナダに吸収され、州の1つとなってしまいました。最
初の内はフランス語を話すことが黙認されていたのですが、マニト
バの西隣のサスカチワンでも「混血民族の国」の謀反が起こり、カ
ナダ政府は見せしめのため英雄リエルを絞首刑にし、1885年には
マニトバもすっかり英語の国にされてしまいました。

英仏、仲の悪い2卵性双生児

　かくして五大湖からミシシッピー河畔にかけてのアメリカは、仏
語の名前を残したまま英語を話す地方になってしまいました。当時
の米国エリートは仏語を話しましたので、フランス人は米国を助け
ながら、宿敵英国の英語が仏語に取って代わるなんて思ってもいな
かったはずです。

　一般に、イギリス人は説得するのは難しいが、一度納得すると忠
実に従ってくれるそうですが、フランス人は相手に簡単に同意する
が、その後に相手の足を引っ張り続ける、という評判です。確かに
フランスはパリ条約を結んだにも拘らず、影では宿敵英国からの米
国の独立運動を助けました。そして米国独立後の1803年には在米
仏人デュポン・ド・ヌムール（デュポン社の創始者）の提案で、ナポ
レオンは領地ルイジアナを米国へ売り渡してしまいました。米国へ
恩を売ると共に、ルイジアナを英国の攻撃から防ぐためでした。

　フランス人開拓者の原住民アメロ－インディアンに対する態度は、

武力で治めるより和を結ぶというやり方で、毛皮などの商売の他に、自分の宗教や文化を原住民に植付けようとする優越感が強かったようです。上に挙げた「混血民族の国」の話を思い出してください。そのようなフランス人の嗜好は、次のような歴史からも窺えます。

17世紀の始め、アレクサンドル・ド・ロード神父はヴィエトナム語をラテン文字へ転換するという文化活動をし、その文字は今でもヴィエトナムで使われています。但し今のヴィエトナムは、仏語より英語を話す国になってしまいました。

ニュージーランドではジャン・ポムパリエ神父が1838年から布教を始め、原住民のマオリ族と友好関係を築き、マオリ語の文法書や教科書まで作り、現住民の尊敬を集めました。同じ時期、シャルル・ド・チエリという冒険家はニュージーランドに広い土地を買い、フランスの植民地にしようと試みました。しかしこれらフランス人の個人的な率先力は、イギリス人の実利的で組織だった押しには勝てません。ニュージーランドはその後間もなくイギリスの植民地になってしまいました。

19世紀の終わり、南アフリカへ移住したオランダ人の農夫達（ボーアズ）の間にステファヌス・ジャコブス・デュ・トワという牧師がいました。名前から分かるように、彼はフランスから追い出された新教徒、つまりユグノーでした。彼は南アフリカで英語に対抗してアフリカーンスという新語を作りだしました。残念ながらその後、南アフリカは概ね英語国になってしまいましたが。

このように、フランス人は昔から文化を重視し過ぎるという欠点がありました。しかも組織より個人の名誉欲が先走りする傾向もあり、新しい言葉は作ってもフランス語の普及にはあまり強くありません。こんな性格はフランス人の欠陥ではありますが、誇りでもあ

ります。

　イギリスがそもそもアメリカを必要とした理由の1つは、犯罪人の追放地として用いることでした。カナダは英国に組みしてアメリカの独立に反対して戦った国ですから、そこへ犯罪人を送る訳にはいかない。アメリカの独立に到って、英国は新しい追放地を、発見されて間もないオーストラリアへ変えたのです。

　フランスは幾つもの新開地でイギリスと一番乗りを争いましたが、結局は北方民族エルベとヴァイキングの子孫達の力に負けました。厳しい気候や質素な食べ物に慣れ、冷徹な規律を守り、情を移さない北方民族の子孫の方が、新開地ではずっと効率が良い。ジェームス・カーヴィル氏による戦争の叫びは、当時の英国軍の非情さをよく表しています。

「我が進むときは我に続け、我が後退するときは我を殺せ、我が死ぬときは我の仇を討て」

　フランス人なら戦争の無為に思いを馳せ、大将は先頭に立たず、家来は地位を譲り合うだろう、とさえ私は思います。フランス人とアメロ‐インディアンとの関係とは違い、英国人は新開地では原住民の子供達を家庭から取り上げ、寄宿制学校へ入れ、英語を覚えさせることもやりました。ただ、18、19世紀の勇敢で荒々しい北方民族には、それは非人間的な取り扱いというより、文明化を進める1つの手段だったのかもしれません。

　英国は、ボクシングやラグビーみたいな荒々しいスポーツを発達させた国でもあります。この2011年にイギリスの飲み屋で、親達が10歳に満たない息子達を囲いの中で素手にて戦わせ、お金を賭けて遊んでいたことが分かりましたが、子供達はそこでフェアプレイや紳士になる気高さを学ぶのかもしれません。しかもこの遊びは

法律に違反さえしないそうです。

　そればかりか、イギリス人の奇異な遊びには、一種の残酷さが付き纏います。イギリスに特有な賭け屋の "book maker" では、自分の寿命まで掛けます。ある 66 歳の男は自分は 100 歳まで生きる事に 1,000 ポンド賭け、それに対してある「ブックメーカー」は、その可能性は 1000 分の 1 しかないとして、1,000 倍の相場を与えました。この男が 100 歳まで生きたら、自分の賭けたお金の 1,000 倍の 100 万ポンドが手に入る訳です。しかし、例え賭けに勝っても、100 万ポンドを楽しむだけの年は残っていないでしょう。ただ本人の子供たちは、彼が長生きするように、大事に取り扱ってくれるでしょうが。

　英語には「フランスの」という形容詞を付けた表現が沢山あります。概して印象の悪い現象の時ですが。

French boot（駐車違反の車を動けなくする車輪錠）

French kiss（舌と舌を絡め合う熱烈な接吻）

French connection（麻薬ルート）

French knickers（脚部の広い女性用パンツ）

French leave（無断退出）

　代わりにフランスでは、無作法者がこっそり立ち去る事を「イギリス風にいなくなる」と言います。ただ、ドイツとポルトガルとギリシャではフランス風にいなくなる、と言うそうなので、むしろフランス人の特徴であるようです。

French letter（英米）/French safe（米）（コンドーム）

　フランス人は逆に「イギリス帽」と言います。

　しかし、何から何まで反フランス的である訳でもなく、要するに、イギリス人は自分の風習にない物はフランス物と言ってしまう傾向

があるようです。

French toast（牛乳と卵に浸した食パンをフライパンで焼いたもの）

French poodle（プードル）

French window（外壁の中に装置された、床に達する戸）

French fry（ジャガイモの切り揚げ）

French beans（ソラマメ）

英仏間だけでなく、ヨーロッパでは感じの悪い物は、仲の悪い国の物にしてしまう傾向があるようです。

アメリカ人が "go Dutch" と言えば、支払いを割り勘でやる事でしょうが、トルコでは「ドイツ風に払う」と言い、フランス人は「スイスで飲む」と言います。

1918年から1919年にかけて流行り、多数の死亡者を出して悪評の高い風邪は、フランスとイギリスでは「スペイン風邪」と言い、ベルギーでは「ドイツ風邪」、トルコでは「ギリシャ風邪」、ギリシャでは「アラブ風邪」と言うそうです。

実際には、この風邪は、アメリカはカンサスの米軍基地で発生し、それに感染した兵隊が欧州での第1次世界大戦に派遣されました。風邪より大戦の方が大事なので、世界の報道界はその報道を禁じられ、ヴィールスは部隊輸送の混雑の中で伝播したものです。ただ、フランスで働いていた、中立国スペインの季節労働者が、帰国した時にヴィールスをスペインに持ち込み、マドリードで猛威を奮い、国際報道界も隠せなくなり、スペイン風邪として報道したものです。この風邪は、米国基地での最初の死から18カ月後、ワクチンも他の治療法もないのに、自然に消えてなくなりました。5,000万人以上が亡くなった後に、集団免疫が達成されたからです。でも、スペインこそいい迷惑ですね。

　よく分からない表現が使われる時は、イギリス人は、

「自分にはそれはギリシャ語だ」

　と言いますが、フランス人は、

「それは中国語だ」

　と言います。

　フランクフルト・ソーセージの "Frankfurters" は、第2次世界大戦中の反ドイツ感情から "hot dogs" に変えられました。最近の事ですが、米国のイラク攻撃にフランスが参加しなかったので、米国ではそれまで "French fry" の名前で通っていた「じゃが芋小片」が "freedom fry" に改名されたのは、世界中で大きく報道されました。この改名は、今では密かに撤回されているようです。米国のイラク侵攻が間違った情報に基づいていた事が判明したからでしょうか。

インド大陸での争い

　インドでもよく似た状況が起こりました。インド大陸に最初に上陸したのは 1498 年のポルトガル人ですが、一部を植民地として得たのは 1505 年でした。ずっと遅れて 17 世紀初め、オランダ、イギリス、フランス、それにデンマーク・ノルウエー連合はそれぞれ、インドに交易所を設置しました。そして 18 世紀の中盤、イギリスとフランスはお互いに相手の砦や町を攻撃し、奪い合いました。インドは大きな大陸で、何人ものサルタン（回教君主）がおり、どのサルタンに付くかによって、戦況は変わりました。最初の内はフランスの方が優勢でしたが、徐々に状況が変わりました。

　パリにはデュプレックスという名の地下鉄の駅があります。本人

であるジョゼフ－フランソワ・デュプレックスは、インドでイギリス人と戦いながら幾つかの領土を獲得した人です。しかし自軍の中で権力争いがあり、フランス本国にも見捨てられ、デュプレックスはフランスに帰国してしまいました。その直後に七年戦争が勃発したのですが、イギリスはデュプレックス方式を採用し、インドの植民地化を進めました。ここでも、もしフランスがデュプレックスを援助しておれば、大国インドでも英語の代わりに仏語が広がったかもしれない。実に1756年から63年までの七年戦争と、その直前の世界状況は、英語が世界化する別の発端になったと言えるでしょう。

現代のインドには35の言葉があり、2人のインド人が出会うと、お互いにどれかのインド語で話して理解し合う事ができる確率は36％しかありません。これは勿論、平均であり、その2人がそれぞれインド最南端のタミル・ナドウと最東部の西ベンガルからの場合には、確率は1.6％にまで下がります。そのような国ですので、英語が共通語として重宝がられるのは当然でしょう。

南太平洋での睨み合い

オーストラリアを発見したのは誰か、国によって主張が違うようですが、初期の探検家たちは、今のオーストラリアを「新オランダ」と呼んでいましたので、公式の発見者はオランダ人なのかも知れません。しかし既にインドを知っていたポルトガル人だ、という説もあります。

パトリス・ド・ベール氏とエリザベート・ベルトウ女史によれば、南太平洋でも、オーストラリアやニュージーランドを巡り、例によ

ってイギリスとフランスの間で領土争いが起こりました。両人は当時の事を次のように語っています。

　スコットランド人ジェームス・クックは、1770年4月29日に、英国船「エンデヴァー」の船長として、今のシドニーに近いボタニー・ベイに上陸し、何日か滞在し、イギリス国旗を立てました。しかしクックは1779年にハワイの住民たちと喧嘩して、殺されてしまいました。

　オーストラリアに最初の植民地を作ったのは、イギリス人のアーサー・フィリップ船長で、1788年の1月26日の事でした。

　18世紀のイギリスは貧困と過酷な社会で、少額の盗みでも首つりに処され、10歳の子供さえ首を吊られました。ロンドンのテームズ河に繋がれた艀に押し込められた囚人たちの数が増えるに連れ、しかもアメリカが独立したので、イギリスは代わりの流刑の場所を探していました。

　フィリップ船長の役は、757人の囚人や謀反アイルランド人たちを、オーストラリアのボタニー・ベイに入植させる事でした。フィリップは囚人たちを9隻の船の船倉に押し込め、2隻の戦艦で護って出航しました。船旅は8カ月かかり、ボタニー・ベイではなく、その近くの、より住み易いと思われた湾で錨を下ろしました。それが今のシドニーの中心です。生き延びた旅人の中では、男と女の割合は約2対1で、子供も約10人はいました。下船すると同時に、男たちは女に飛び掛かったそうです。そんな時代だったのですね。

　食料は1年分だけがやっとだったので、現地で穀物を栽培せねばなりませんでした。気候はよく、それまでに見たこともなかった動物や鳥がおりましたが、原住民に遭遇し、まずは彼らを虐殺したり、海岸から砂漠地帯へ追い出したりして、土地を確保せねばなりませ

んでした。

　食べ物がなくなり、植民が消えかかる頃に、第2弾の植民船団が新たな囚人と食物を持って入植して来て、植民地の消滅が救われました。植民は囚人ばかりではなく、自由な冒険家や、かなりの数の謀反アイルランド人もいました。ケルト系のアイルランド人はカトリック教徒で、欧州ではイギリスからの独立運動が続いていました。かくしてオーストラリアには、英語と共にかなりの数のカトリック教徒が入った訳です。

　護衛役の兵隊たちは、現地に着くや否や土地を与えられ、兵役から解除されました。彼らは予めその事を知っていたのかどうか。

　1810年には、あの大きなオーストラリアに、1万人の植民しかおらず、その内の約半数が囚人でした。流刑は1867年に廃止されました。今では先祖に流刑にされた囚人を持つ事は名誉な事とされています。「メイフラワー号」でアメリカに着いた人たちもそうですが、ケルト系のアイルランド人は、どちらの大陸でも、アングロ-サクソン新教徒に囲まれた誇り高いカトリック信者たちでした。

　合わせて約20万人の男女や子供がオーストラリアへの流刑に処せられました。その後、新植民地の気風を下げると非難されて停止されましたが、ロンドン市民は犯罪者が街路を横行する考えで恐慌に陥り、議会は新しい流刑地として、南極近くのフォークランド島や、はては南極さえも考慮したそうです。

　しかし、このオーストラリアも、一時はフランス語圏になり兼ねない状況にありました。

　世界でのイギリスの影響に対抗する為に、ルイ－アントワンヌ・ド・ブーガンヴィルは時の王様ルイ15世の支援を受け、1767年に世界巡回に出航し、太平洋では北海道とカムチャッカの間の海峡を

発見し、南太平洋ではパプア・ニューギニアの東に、幾つもの島を発見しました。そして、クックより2年早く、オーストラリアの北東部の海岸線に沿って伸びるグレイト・バリア・リーフを航海していたのです。しかし、そこからオーストラリア大陸の方へは進みませんでした。

1772年の3月30日には、フランス人の航海者ルイ−アレノ・ド・サン・アルーアルンは新オランダ（オーストラリア）の西海岸の「タートル・ベイ」の中の島に上陸し、

「この地方はフランス王ルイ15世の領地なり」

と宣言しました。イギリスもオランダも、新オランダの西海岸に関しては、正式には領地宣言をしていなかったからです。フランスはウイーン条約で植民地を失い、囚人を流刑にする場所を探していました。そして、長々と続いた討議の後、やっと、サン・アルーアルンが領地として宣言していたこの西オーストラリアを流刑地として開く計画を立てました。

しかし調査と論議の時間が長すぎ、その間にイギリスは噂を嗅ぎ付け、急ぎ駐屯部隊をそちらへ派遣して、フランスの計画を未然に摘んでしまったのです。この辺はイギリス人とフランス人の性格の違いがよく出ていますね。

一方で、フランス王ルイ16世は科学に熱心で、1785年、フランスの航海者ラペルーズ伯爵に命じ、ハワイで殺されたクックの航海を完遂するように命じました。そしてラペルーズに、学問的、商業的な目的で派遣団を組ませ、4年計画の世界一周に出航させました。団員は天文学者、物理学者、植物学者、地理学者、自然主義者、デッサン画家などの他に医者や司祭も含んでいました。訪問した国では土地の首長と友好を結び、兵力はなるべく使わない方針でした。

自然主義者のチャールス・ダーウインが 1831 年からから 5 年間、「ビーグル号」で世界を回り、後で自然選択による進化論を表したのを思い出させます。

ラペルーズは 1788 年 1 月にオーストラリアのボタニー・ベイに着き、3 月 10 日まで滞在しました。

イギリス人の植民者フィリップはラペルーズの 6 日後、同じ年の 1 月 26 日にボタニー・ベイに着いて間もなく、偶然にラペルーズに出会い、非常に驚きました。ただ、ラペルーズの目的は、そこに植民地を作る事ではありませんでした。

1801 年から 1802 年にかけ、ナポレオンは、ボーダン氏を科学調査の為にオーストラリアに送り込みました。イギリス人のロビンス中尉はシドニーの近くで偶然にボーダンに出会い、ビックリしているフランス人の前で、急ぎ、ユニオン・ジャック旗を砂地に突き立てました。しかし慌てたあまり、旗を逆さに突き立ててしまったそうです。

オーストラリアで出し抜かれ、フランスは視点をニュージーランドの方へ向け、1840 年に仏独の植民をそこに送りました。しかしそれは、イギリスより 2 日遅れてしまいました。そのせいで、フランスはその後にヌーヴェル・カレドニーの方へ方向を変えたのです。

この島はクックにより発見されており、山陸が本人の生まれ故郷スコットランド（カレドニア）に似ていたことから、「ニュー・カレドニア”と命名されていました。それが仏語に変わって“ヌーヴェル・カレドニー」となり、今ではフランスの一部になっています。

しかし、植民地時代は変遷しました。ヌーヴェル・カレドニーでも現地人による独立運動が強まり、2018 年から 2 年ごとに 3 回の現地投票が計画され、フランスから独立するか、残留するかが決め

られる事になっています。最初の2回は残留派が勝ちましたが、その差は縮まってきており、最後の投票が間もなく行われます。

　世界のラグビー選手権で、ニュージーランドのオール・ブラックスとフランス代表が対戦する前夜には、ニュージーランドのある新聞は、なぜ自分らがフランスを愛し、同時に忌み嫌うかの理由として、

「フランス人は格好よく、週に35時間しか働かず、海岸ではトップレスになり、ワインは勿論、朝ごはんの時から飲み始める」

　と冷やかしました。別の新聞は、こう述べていました。

「もしフランス人にもう少し根性があれば、我々も今頃はフランス語を話しながら、贅沢なチーズを頬張り、フットボールにはとても強くなっていたのかも知れない」

　だがラグビーでは、ニュージーランドの敵ではなない、と言いたいのでしょう。そればかりか、ニュージーランド植民時の英仏の争いを懐古し、裏返しには、

「幸いにして、フランス人に根性がなく、イギリス人に出し抜かれ、お陰で自分らは、今は英語を話し、質実剛健な生活を送り、ラグビーにも強くなったのだ」

　と、建国時の歴史をもじって皮肉っています。

カナダ、その後

　さて、現代では英語と仏語の関係はどうなったか。ケベック州は天然資源に恵まれた地方ですが、大企業の指導層はほとんどが英語圏の人に占められ、仏語圏のケベック人は大多数が工場の労働者で、自分等はアメリカの白い奴隷として取り扱われている、という不満

が絶えませんでした。考えてみれば、11世紀からのイギリスが、貴族層が仏系ノルマン人で、下層階級がアングロ－サクソンだったことの逆になります。ケベックではカナダからの独立運動が盛んになり、テロ行為で時の労働大臣が殺害されるに到りました。

　フランスのド・ゴール大統領も、ジスカール・デスタン大統領も、ケベックの独立を支持するような発言をしましたが、それは多分に、自分らの身内を200年余りもイギリスの支配の下に置いたまま構って上げなかったことに対する良心の呵責のせいでしょう。

　その頃に現れたのがピエール・トリュドーです。彼は父親が仏語系のケベック人、母親が英語圏のスコットランド人、完全な双語併用者（バイリンガル）。本人はケベック人なのに、その頭脳と教祖的な魅力のせいでカナダの首相にまでなりました。

　1969年、彼はケベック人の独立運動を回避するために、カナダ連邦体制の中でフランス語を英語と並ぶ国語とする法律を制定し、連邦政府の公務や裁判所では、英語と仏語が同じ地位を占めるようになりました。カナダ西部の人もあまり通らないロッキー山脈の標識でも“STOP/ARRET”のように英語と仏語で表示し、英国系の人間しか食べない「コーンフレーク」も仏語へ訳する必要が生じ、特に航空管理を英仏両国語で行うべしとする布令に反対し、空港で大きなストライキが起こり、政府が後退する有様でした。

　しかし、カナダ連邦政府の政策とは別に、ケベック州は1977年に、教育と職業と裁判ではフランス語を唯一の公用語にする、というケベック言語法を導入しました。通りや河や町の名は（もしまだフランス語でなければ）フランス語へ変える、という乱暴な法律。予期していなかったのは、ケベックに住むエスキモーから、猛烈な抗議が起こったことでした。幾つもの英語系機関は、ケベック政府の本

気さを試すため、宣伝や屋号に仏語の他に英語でも掲示して様子を見ました。

　このケベック言語法は数回の改正を経て、1993 年には最高裁は改正法を合憲であると判決。商業記号や広告ではフランス語の他に、別の言葉（英語も含めて）で表示してもよいが、フランス語は少なくとも 2 倍に大きくすること、並べて書くときはフランス語を左側に置くこと（人は左側から読み始めるから）などの条件があり、店の名前の英語表記 "Macdonald's" などは単純に禁じられました。

　そんな努力にも拘わらず、ケベックの首都モンレアル（英語発音ではモントリオール）に限って言えば、日常でフランス語を話す人の人口は、2006 年に初めて過半数を割りました。

　カナダでは連邦政府による布令の後に、各州は法律を州議会にかけます。マニトバ州は仏語圏の英雄リエルが見せしめのために絞首刑にされた州ですが、ここは連邦政府の 2 カ国語政策に従わなかった例です。この州は今では英語人口が 100 万人なのに、仏語人口は 5 万人に過ぎず、そんな少数派の仏語をなぜ英語と並べて公用語とするのか、フランス語を勉強する煩わしさ、そんなことを考えると、連邦政府の意向に従う気にはなれなかったのでしょう。

　仏系カナダ人の問題は絶えません。カナダへの移民が増えるにつれ、仏語系カナダ人の割合は減るばかり、国単位で言えば、ここ 40 年ぐらいの間に 30％ 近くから 20％ そこそこにまで落ちてしまいました。カナダの首都トロントでも、500 万の人口のうち仏語人口は 6 万人足らずにまで減ってしまい、広東語を話す 20 万人、ヒンディ語を話す 15 万人に追い越されてしまいました。残りは全部英語で生活する人です。

　ケベック州はカナダで唯一、独自の移民大臣を持ち、その移民政

策はカナダ連邦政府の条件と異なり、フランス語のアクセントを帯びています。連邦政府は移民適正試験で英語と仏語に同じ点を与えるのに、ケベックでは英語には３点しか与えず、対して仏語には15点与え、更に、応募者の連れ合いが仏語を話せば５点を追加します。しかも移民の子供（他の州から移入したカナダ人の子供も）は仏語系の学校に通わねばならない。

　そんな努力のお蔭で、フランス語が母国語でない家族でフランス語を話すようになった家族は、当初の３％そこそこから、今では80％を超すほどになりました。しかも、1977年のケベックでは、50人以上の会社の４分の３で英語が公用語だったのに、80年代の終わりにはこれらの会社のほとんどでフランス語が公用語となってしまいました。昔の企業のエリートは英語１カ国しか話せない人だったのに、今のエリートはフランス語系の２カ国語併用者となりました。面白いのは、世論調査によると今では仏語圏でない人達の３分の２も、日常生活に不便はなく、今の状態で満足しているそうです。

　今ではカナダの８州は英語を、ケベック州は仏語を、ニュー・ブランスウイック州（昔のアカデイア地方。フランス語人口は３分の１強）は英仏２国語を州語とし、カナダ連邦は２カ国語制度です。

　2021年のカナダでは、英語圏のカナダ人の内で、フランス語で会話ができるのは、たったの6.8％だけです。

　フランス語圏のケベック州では家庭でフランス語を話している住民が少しずつ減っており、2016年では79％とチョットにまで落ちました。しかも日常の仕事でフランス語を使う人々も少し減ってきています。あらたな移民のせいでしょう。ケベックの首都のモンレアルに関して言えば、勤労者の約３分の２が、仕事では日常的に英語を使っているそうです。

　ケベック州で最近、英語圏の人々が「こんにちは！」と言う時に「ボンジュール、ハイ！」と言って、フランス語の後に短い英語を混ぜるのが流行るようになりました。それが当局の耳障りになり、州議会は動議を出して、実業界や勤労者に、「ボンジュール！」というフランス語だけを使うように勧告した程です。

　州議会は 2021 年には法案を提出し、実業界は標識の「ほとんど」（??）をフランス語で書かねばならない、従業員が 25 人以上の企業は「フランス語化委員会」を設立し、フランス語で書かれ話されているかどうかを監視しなければならない、ケベックへの移民は 6 カ月以内にフランス語を学び、その後は全ての州政府の書類はフランス語でなされる、と決めて、年内（2021 年）には発効する予定です。しかも、この法案は、カナダ憲法が「ケベックはカナダ連邦の中での『民族国家』である」と謳うことを要求しています。そして、今のトリュドー首相（ピエール・トリュドー首相の息子）は、それを支持する、と発表しました。もし最高裁判所がその試みを拒否したら、またケベックの独立運動が再発するかも知れませんね。

日本への旅

　さて、日本はその後、どのくらい英語に強くなったでしょうか。
　外国人の英語力を測る "TOEFL" という試験法があります。これは英米人が、外国人にも高貴な英語を話させようとして開発したものと思われます。
　勿論、日本人にはあまり向いていない。そこで、英語力のなさを嘆く日本人が中心となり、国際交流用の英語力を測る "TOEIC" と

いう試験法が開発されました。これは外国人を英米人みたいに話させるのではなく、他人と交流できる英語力を付けさせるのが目的です。今では "TOEIC" が先輩の "TOEFL" を凌駕し、120 カ国で使われています。

　フランスの一流技術者学校では、"TOEFL" で 120 点中の 100 点以上が要求されます。しかし、一流商業学校は "TOEIC" の方を選び、それで 990 点中の 850 点以上が要求されています。

　ところが、"TOEIC" も日本人には不都合、世界的な比較試験の結果、日本は下の下、フィリッピンは勿論、中国や韓国や台湾よりも下で、自分の下にはチリとサウジ・アラビアしかない、という立場にあることが分かりました。

　それに対して、日本人がパリに来て嘆くフランス人の英語力は、実は評判に反し、イタリアやスペインより上、ヨーロッパでも上位にあることが分かりました。

　でも日本人は悲観するに当たりません。試験で良い成績を上げるより、その試験法を開発したのが日本人だという事実の方が気高いとは思いませんか。日本人は例え英語には弱くても、日本語で考えながら、世界的な英語の試験法を考案した訳ですから。

　私が東京を散歩するときに、いつも気が付きます。電車や路上での若者達の会話で、英語を話すことがいかに重大な課題になっているか。若者が外国人と英語を話す破目に陥り、その苦境からいかに抜け出したかという慎ましい話題が。もちろん、電車のつり革にぶら下がっている私を意識して、思い出したように英語の話を始める学生や生徒達もいますが。

　この国では英語が巷のネオンや壁や売店に氾濫しています。それは一般人の目を惹く意図なのでしょう。ただ、肝心の大衆の生活は

奇妙に英語から隔離し、水と油のように表面で接触するだけのようです。若者達の失敗談は破裂するような笑いの中に終わり、日本と英語との奇妙な関係が悲劇ではなく喜劇として感じられるときに、私も救われた気持ちになります。

　私が日本に来だした初期の頃、通りがかりの若い男に、英語で訊いたことがあります。

「郵便局はどこでしょうか」

　若い男は照れくさそうに、顔の前からハエを追い払うように掌を振って、

「サンキュー、ノー、エクス・キューズ・ミー」

　と、急ぎ足で去って行きました。

　私は彼の動作を、何と失礼な仕草、と思ったのですが、内気そうに下げた彼の顔の微笑みがどうしても気になりました。後で考え直してみて、どうも、次の筋書きが正しい。「サンキュー」は私の顔を見て反射的に迸り出た英語、「ノー」はその言葉が妥当でなかったことに気付いて打ち消す言葉、「エクス・キューズ・ミー」は自分の態度を詫びる言葉。若い男は郵便局がどこにあるか、知っていたかどうか、それは問題外でした。彼は、貴女の言葉が話せずに申し訳ない、と言い訳していたようでした。私は後悔しました。私の方こそ、彼をそれほど戸惑わせてしまい、「アイム・ソーリー」と謝るべきでした。

　あの若者は、私の当時の日本人への印象を代表しています。彼は英語ができなかった訳ではない。ただ、この日本での、１人になれる空間と時間が限られた生活で、あの若い男、外を歩いているときに、唯一の、静かな、好きに制御できる自分の領土を作っていたのでしょう。外からの干渉を省いた世界。

西洋人は誤解しているようですが、日本人はもともと、とても個人主義的な人種だと、私は思います。ただ、戦中と戦後の経済復興のため、日本人の個性は団体単位に組み変えられました。しかし今では、日本人はその団体単位の中で、天の与えた個人主義を守り続ける手段を固持しているように思います。

　例えばフランス人は、目的地に着くためには何も考えずに急ぎますが、日本人は目的地に着くのは口実で、歩く間に自分の「間」を作り、いろんな思考をするのです。日本の住所が分かり難く作られているのは、まさにそのような「間」を維持するための、無意識の自衛手段だと言えるでしょう。

　その上、日本では見知らぬ人に話し掛ける習慣がありません。各人が自分で解決策を見つけるのが習慣だからです。見知らぬ他人とは干渉しない暗黙の了承があるのです。

　私の話し掛けた若い男は、自分の世界から引き摺り出されてビックリしたのでしょう。しかも、まるで世界の違う人間に言い寄られた戸惑いと、不名誉を避けたい気持ちもあったのでしょう。若い男は後で落ち着いて考えてみて、何だ、郵便局ぐらい教えてあげられたのに、と後悔しているかも。

　私は考えを変えて、英語を母国語とする外国人の立場になってみました。もしその外国人が日本人の感受性に無知の人であれば、私のような経験だけで優越感を強くしてしまい、いつも日本人より上の立場から話そうとするでしょう。そのような誤解を避けるために私は提案したいのです。必ずまずは、日本語で答えること。例え英語を話せても。

「日本語で答えても構いませんか」

　相手は怯み、答えるでしょう。

「ゴメンナサイ、ニッポンゴ、ダメ」

　大成功。相手は重要な事実を思い知らされる。日本人は英語なんかより、まず日本語を非常に上手に操るという事実を。そして英語で横柄に接近する態度を止めるでしょう。日本人は、外国人が戸惑えば戸惑うほど、慣れぬ人種を前にするときの不安を克服し、落ち着いて答えてあげられるし、相手の英語が分からなくても、逃げる代わりに訊き返す余裕もできるはず。

　すべては駆け引きの問題。何でもかんでも英語でやってあげようと努力することは、外交的にも得策ではありません。まず日本語で主張して、相手が分からないときは英語でやってあげてもよい、という態度を貫くべきです。

　さて、こんな話があります。英国の報道記者が日本人若者の英語力を試すため、路上で日本人学生を呼び止め、英語で次の質問をしました。

「貴方の名前は何ですか」

　多くの若者はこの質問が分からず、照れ笑いと共に頭を下げ、逃げ去ったそうです。その記者はそれを、日本人がいかに英語に弱いかの実例として述べています。

　この逸話は頂けません。日本の文化が理解されていないからです。恐らく若者達は、マイクを手に近づいて来る外国人に気味が悪かったのか、質問のバカバカしさに答えを忘れたのか、テレヴィに写るのに怖気づいたのか、どれかだったのでしょう。もし日本人が西洋人の、こんな身勝手な調査をして遊ぶ習慣を知っていたら、ちゃんと答えることもできたのでしょうが。

日本語は悪魔の言葉

　東京での経験に平行し、私はパリを散歩するアメリカ人の若者達に注意するようになりました。若者達が旅行でパリに来て、シャンゼリゼやチュイルリ公園（Tuilerie）を通りながら交わしている会話を耳にすると、フランス語を話せるかどうかがよく話題になっています。多くの会話は、なぜ自分はフランス語を学ばなかったか、または練習をする機会がなかったか、について。ただ、日本の巷では英語が好奇心と尊敬を持って取り扱われるのと対照的に、パリでは英語を話そうとしないフランス人がアメリカ人の好奇心の対象になります。米国人には世界中が米国英語を分かる筈だと言う前提があるかのよう。そこで、米国人の自分がフランスの田舎の宿で、フランス語で、いかにやり繰りしたかの自慢話となります。フランス人の英語に無関心な態度は、開拓し尽されたフランスが今でも観光客に異国情緒を感じさせる力ともなっているようです。

　アメリカではフランス語を話すことは無用な努力の最たるもの、または奇異な趣味の１つとみなされるようです。つまりフランス語は、パーティや晩餐会の会話で教養を示すためにしか使われず、役に立たない言葉の代表と考えられるのでしょう。米国の若い女性が私に英語で道を訊いてきたとき、私はわざとフランス語で答えました。そうすると何と言ったと思います？
「私達はフランス語を話しません」

　日本人は外国語に対する無用な劣等感を持っているのかもしれませんが、米国人は米語の分からない人を絶滅寸前の人種とみなす風がある。自分が外国語を話さないばかりか、それができる同胞を奇異な物好きとみなす節もあります。日本人には英語を流暢に話す人

に憧れ、同時に引っ込んでしまうような心理がありますが、米国人は皆が英語を話すのを当然とみなすようです。どちらが正統な反応かは別にして、忍耐を美徳とする文化と、征服を尊ぶ文化との違いかもしれない。

パリを訪れる日本人の友人や先生達は時々こぼします。

「フランスでは英語も通じないから困りますね。私のホテルでは大丈夫でしょうか」

それに対して、"TOEIC" 試験の結果を知る私は、こう答えます。

「貴方がカタカナ読みでなく、英語の綴りに沿って発音なされたら、フランス人は何とか分かる筈。何しろ英国風の英語にしか慣れていないもので」

英国は外国からの英語の研修生で、年間に170億ユーロを稼ぎます。しかし外国人学生が大学を終えた後もイギリスに居残り、英国人の労働市場を乱すという社会問題が起きました。そこで最近のイギリスは、研修生を装う入国詐欺を減らすため、入国査証を得るための英語試験を少し難しくしました。ところがそうしたら、日本からの留学生が減ってしまい困惑しています。このことから2つの事実が明瞭です。

1つは、日本人学生の英語力は世界的に競争力がないこと。2つは、英国政府の本心は日本からの留学生は歓迎したい事。日本人留学生が歓迎される理由は、彼等は概ね日本へ戻ってくれること、もし英国に残る人がいても、それは特殊技能のせいで英国の労働市場を荒らすことはないからです。当たり前のことですが、英国が求めているのは英語力ではなく、その他の能力です。そのためには来英する日本人が減るのはよい兆候ではありません。勿論、英政府はそのことを口に出しません。他の国に対して「政治的に正しくない」

からです。

　英国の良心は心から嘆いています。英国が英語の世界化のせいで外国語を学ぶ意欲を無くし、米語の変遷を追うのが精一杯になってしまった現実を。ある権威誌によると、

「英国人は外国の文化に目を開くためにも、子供のときから外国語を学ぶべきである」

　しかし一方で、日本を無駄な語学教育を施す世界代表として選び、次のような注意をしています。

「不幸にして、子供に外国語を強制することは成功を保証しない。もしそれを疑うなら、日本に行って通行人を呼び止め、英語で道を訊いてご覧なさい。日本は子供の英語教育に国をあげて努力している国なのに！」

　このような評価は恥としてではなく、日本人は英語を話せなくても、よくやっている、という称賛の言葉だと理解すべきでしょう。なぜなら経済協力開発機構の試験では、算数でも理科でも国語の理解力でも、日本人は訳なく英語圏の人達を凌駕しているからです。

　私は小さい頃から英語が好きで、11歳の時に、スコットランドにある姉妹都市のダンデイ市の小学校との交換生として、夏の１カ月はダンデイ市で過ごし、小学生の弟にも英語を学ぶように勧めました。

「外国人と話しができるし、外国を旅行する為の手段になって、世界が広がるわよ」

　弟は生意気にも、こう答えました。

「算数や生物や物理や、国語や哲学は、毎日を生きる為の本質的な科目のように思える。英語はそうじゃない」

　弟は哲学を挙げたのに、なぜ地理や人文を挙げなかったのかは聞

き損ねましたが、恐らく後者は英語と同じように、暗記を基にする学問であるからでしょう。

　私の連合いの両親は九州で農業をやっています。父親は小さい頃に漢語を習い、後でそれとなく、ローマ字と呼ぶアルファベットの読み方と書き方を学んだようです。何れにしろ、英語を使う必要は全くないまま、稲や野菜はスクスクと育ちました。西洋人と話したのは私が初めてでしたが、その時も英語を使う必要は全くなく、片言の日本語と手振り身振りで会話しました。連合いの両親は１回だけ、海外旅行で韓国に行きましたが、英語は全く不要で、日韓の通訳が何でもやってくれました。

　さて私の弟は、その後に医学に進学し、古代ギリシャ語を学び、よく外国に行きます。いつもギリシャかイタリアですが。

「英語は僕には、学術書を読める程度であればよい。辞書を片手に理解するけど、その時には時間があるから問題はない。英語を理解する基礎さえあれば十分だよ。英会話？　そんなもの糞食らえだ。僕は患者と付き合うだけで、外国人と商売をやる訳ではないからな」

　今では私も弟と同じ意見です。私は英語が好きで、それを学ぶ事は悪い事ではないけど、英語はあくまで伝達手段であり、暗記して覚えればよいものです。弟の言ったように、算数や生物や物理や、国語や哲学のような、考えて解決法を探すような、本質的な学問ではないようです。また、科学発表文を読んだり外国に旅行したりする時は便利でしょうね。しかし、英語の為だけに、あらゆる小学生の柔らかい未形成の頭脳を費やすのが得策であるかどうか、考えてみなければならないでしょう。

　昔は、精神は肉体を蔑視し、沈黙は饒舌を軽蔑し、実質は形式を嘲けり、清貧が浪費を窘める時代だったように思います。今は雄弁

が熟考を妨げ、宣伝が実態を隠し、嘘が事実を作る時代になったの
かも知れません。

　フランシスコ・ザヴィエル神父は16世紀に日本に来た後、ロー
マ法王にこう報告しました。

「日本語は悪魔の考案した言葉で、基督教の布教を阻むためのもの
であります」

　実に日本人はそんな悪魔の言葉を毎日使って生きて来ているので
す。

　悪魔の言葉は、使い方によっては天使の言葉になるかも知れませ
ん。欧米人が日本を植民地にしようとしたとき、日本人は不可解な
日本語を操り、顔を顰(しか)めて身振りを加え、日本が資源の乏しい、植
民化するに価しない国である振りをしました。そうして時間を稼ぎ
ながら、第2の中国になるのを避けました。戦後にも、日本語は外
国産業の侵入を遅らせ、その間に日本は経済力を蓄えることができ
ました。

　ひとつ考え方を変えて、悪魔の日本語の利点を、積極的に利用す
る方法を考えてみませんか。

国語への愛情

　1539年、フランソワ1世の時代に発布されたヴィレール－コッ
トレ（Villers-Cotterets）の政令で、公式文書はそれまでのラテン語
からフランス語で行うようになりました。

　フランス人は王様の首を切ってから、国の象徴はフランス語にな
り、知識人は、こう言うのが好きです。

「『フランス』とは１つの『着想』（又は『考え方』や『思想』）であり、その着想は『フランス語』でしか表現されない」

　普通の日本人なら、「日本という国」と「着想」とは、同じ次元の問題ではないと思うでしょうし、ましてや、それは「日本語」でしか表現できないなんて、僭越さもいい処です。

　でも実際には、

「英語は、自分の国から出て行って外国人と交流する言葉であるのに対し、仏語は、外国人がフランスに入って来て、そこでフランスという共和国を作り上げる為の言葉である」

　という事を詩的に謳えば、上記のような表現になる訳です。ただ、フランスと違って日本では、なかなかそうも言えないようです。なぜなら、外国人が日本に来て、幾ら日本語を話しても、なかなか日本国籍はくれないからです。

　詩人マイケル・エドワーズは英国人であるのに、こう言いました。「フランス語は、１つの世界観である」

　そして、本人はフランス語で詩を作っています。

　スタンダールは、こう述べました。

「ある国民の才能の第１の手段は言葉である」

　そしてモーパッサンは、こう言いました。

「フランス語は清い水であり、気取った作家がそれを濁らすのは今までできなかったし、将来もできないだろう」

　何れも、フランス人の、フランス語への誇りと愛情が溢れています。

　フランスでは、アカデミー・フランセーズが１６３４年に創設され、その会員４０人は「不死身の衆」と呼ばれます。そればかりか、固有名詞みたいに、「不死身の衆」に当たるフランス語の頭文字を大文

字にして書けば、それはアカデミー・フランセーズ会員たちの事を意味します。彼らがフランス語に汚れが付かないように監視するのです。

フランス語になかった事象に関して、新語を作らざるを得ない時には、別の機関である「専門用語と新語の一般委員会」がそれを扱います。

フランス語は正確で、優雅な会話と「機知に富む」愛の言葉に向いている、と、これはドイツのフランクフルター・アルゲマイネ紙の意見です。

このフランス風の「機知に富む」という表現には、どこの国にもなかなか適切な言葉がなく、つまりはフランス語のまま「エスプリ」と呼んでしまいます。これはイギリス人のユーモアとも違い、かなり辛辣な皮肉が含まれる表現です。

英国風のユーモアは、バカバカしさを礼儀正しく言う感があります。例えば――

ある若い実業家が、しがない同僚に、こう言いました。

「急ぎの会議で、昨日は東京からパリまで、1等で飛んで来た」

しがない、しかしユーモアのある友人は聞きました。

「それで？　少しは早く着けたか？」

さて、ハイカラな成りをした若者がカフェに入って来て、何の飲み物も注文せずに、給仕に横柄に顎で言いました。

「オイ、君、手洗いはどこだ？」

給仕は頭も上げずに答えました。

「地下に降りて左側です。扉には"Gentlemen"（紳士用）と書いてありますが、構わず中に入って下さい」

これが恐らくエスプリで、軽蔑を込めた皮肉が感じられます。

　イギリスにはイングリッシュ・アカデミーみたいなものはありません。イギリスは政治や経済と同じく、言葉でも自由主義で、有機的に発展するのです。

　フランスは1975年に法律で、

「外国語は、同等のフランス語の表現が存在するときには、広告や公式書類やラデイオやテレヴィで使ってはならない、ただし翻訳を付ければその限りでない」

　ということになりました。例えばgadget（ほんの思い付き）やweek-end（週末）は同等なフランス語がないとみなされます。しかし煙草の箱の標語や車の宣伝や地下鉄での説明で、この法律は大変に不便だったという話です。ある外国の航空会社は、英語で書かれた航空券と保険をフランスでフランス人に売った、という罪で有罪となりました。

「フランス内で英語にて作成する文書は違法となるが、外国から英語で送られてくる文書は違法ではない」

　ソフトウエアなどは英語で書くことが多いのですが、それを外国の本社からフランスの支社に送って貰えば違法ではありません。もし本社がフランスにある会社なら、外国にある支社からフランス本社へ送らせれば違法とならないという、奇妙な国になりました。

「ラジオで流す歌謡曲の40％以上はフランス語の歌でなければならない」

　とも規定されました。

　しかしこんな現実を無視した法律国では、法律を破っても悪く思わない人が増えるのも当然。違反行為はちゃんと検査されず、ときたま不運な人が訴えられる程度でした。現在では、そんな法律がまだ生きているのか、廃止されたのか、それさえ確かではありません。

衝撃は1989年、パスツール研究所紀要が英語で刊行される、と決定された時です。そのときにはフランス語の保護で苦しむカナダのケベックの研究者達からも絶望的な怒りが表明されました。この紀要は1887年にパスツールが刊行し始めた微生物学でのフランス科学の誇り、歴史的な科学誌でしたが、現実には読者の3分の1以上が米国科学者で、英語での刊行が望まれていました。

　パスツール研究所紀要の英語化の後に、非科学の分野からいろんな批判が起こり、終には法律により、国の補助金でなされた研究はフランス語で発表すべきことになりましたが、その後の1994年、仏裁判所がその法律を、表現の自由を保障する憲法の違反だとして無効にし、科学分野でのフランス語保護運動は元の木阿弥となってしまいました。ただ、フランスが得意とする数学の1分野と社会人類学では、まだ仏語での発表が尊重されているようですが。

　終に1992年、憲法改正で、

「フランス語はフランス共和国の国語である」

　という項が添加されました。

　そして1994年、特に高等教育でのフランス語の使用を保護する法律が発布されました。そして、外国語の単語や表現は、それと均等な公認のフランス語がある限り、それを使ってはならない、という法を制定しました。その法は報道界、放送界、公式文書、公衆通知（広告など）、労働契約などに適用され、ワシントンやロンドンでは笑いものになりました。

　しかし、どの国の国語も英語で汚染され、英米人さえよく分からない英語が使われ出した今、英国作家クリストファー・カルドウエル氏は、フランスの国語保護法は、今考えてみると、そう愚かな法ではなかった、と反省しています。

　一方、フランス政府は、英語が科学での専用語となるのを嫌い、フランス語ばかりか、各国が科学をスペイン語やロシア語や日本語や中国語やイタリア語やアラブ語で発表することを奨励しました。

　このようなフランス人の、英語の影響を希釈しようとする作戦は現在でも到るところに見られます。パリの地下鉄に乗ると、コンコルドなどの大きな駅や、時には車中で、放送がなされます。

「スリが近づくのを避けるため、手提げは閉め、腕にしっかりお持ちください。携帯電話は……」

　最初の言葉はもちろんフランス語ですが、2番目の言葉は驚いたことに日本語で、3番目がやっと英語、次はドイツ語で最後に中国語。被害者に日本人が多いこともあるでしょうが、フランス人が英語を卑しめることに喜びを感じていることも確か。

　パリの地下鉄1号線のフランクリン・ルーズベルト駅では、駅名はフランス語の次に（ロシア語と中国語の前に）日本語のカタカナで掲示されているのをご存じでしょうか。英語での掲示は省略されています。仏語と同じだからです。

英語はお茶と共に米国へ

　アメリカ合衆国が、独語でも仏語でもなく、英語を話すようになったことは近代世界に大きな影響を与えましたが、その前に世界の動向を変えたのは「お茶」だとも言えます。それがアメリカの独立を促したからです。茶、そうです、日本でも飲む緑茶。しかも茶の大国日本は、知ってか知らないでか、そんな世界の流れから身を離し、中国みたいに西洋に荒らされることもなく、歴史の傍観者とな

ることができました。

　ジャック‐マリー・ヴァスラン氏によると、17世紀の初め、ヨーロッパ人は「お茶」という飲み物を初めて知り、オランダの東インド会社が緑茶を中国、それに日本から買い入れ、ヨーロッパへ輸出し始めました。ただ、日本が鎖国を選んだので、中国のみが茶の輸出国となりました。中国の緑茶は重要な輸出品となり、中国の各地から港へ、各港から帆船でインドネシアのジャカルタへ、と集められ、そこからオランダの東インド会社の大型船が、まとめてアムステルダムへ搬送しました。

　その1世紀後の18世紀の初め、競争者としてイギリスの東インド会社が現れ、中国の広東に支店を開き、現地で茶を選択し、そこから直接にヨーロッパへ搬送し始め、18世紀の半ばからはオランダを追い越すようになりました。

　3種の茶（緑茶と黒茶とウーロン茶）はヨーロッパに広まり、イギリス植民地となったアメリカの10以上の州にも広まりました。しかしお金の必要なイギリス王家は植民地への輸出品、特にお茶に高い税金をかけました。そこでボストンの貿易商ジョン・ハンコックは東インド会社が独占して売る茶を排斥し、その運動が成功し、アメリカの茶の輸入は極端に減りました。

　1773年には英国議会は茶の課税に関する「茶条例」を布令し、東インド会社は植民地では茶を無税で売ることができるようになり、茶の販売を独占するようになりました。それがアメリカの商人に不公平な結果を生み、それがもとで、多くの米国商社を破産へ追いやりました。

　終に1773年末に反乱が起こり、ボストンでは暴徒が茶を積んだ3隻の英国船を捕獲し、積荷を海中へ投げ捨ててしまいました。

この事件は「ボストン・テイー・パーテイー」として知られ、最近は米国共和党の政治家がこの名を使って共和党をまとめ、党の大統領候補になろうとしたほど今の話です。実際、1773 年と言えばアメリカ独立戦争の前夜であり、この反乱はイギリスからの独立の戦争の前兆となり、上記の貿易商ジョン・ハンコックは 1776 年には独立宣言の起草者にさえなりました。

宗主国イギリスは商業優先の政策で、植民地アメリカにいろんな不当な制約を課しましたが、鉄鋼製品もその 1 つです。低品質の銑鉄に関しては、アメリカは既に世界有数の生産国でしたが、技術的に難しい高品質の鋼鉄の生産や圧延は、法律によりイギリスの会社の独占。そんなこともあって、アメリカのイギリスに対する不満は掻き立てられていました。

一方、欧州では、その後も中国茶への欲望は高まる一方です。しかし中国は茶の輸出の対価としては銀貨しか受け付けません。欧州では金が通貨であり、イギリスは欧州で銀を買い漁ったので、大きな赤字を抱えてしまいました。そこで英国は植民地インドで阿片を栽培し、中国で売って、貿易赤字を減らそうとし、何百万かの中国人を麻薬患者にしてしまいました。それに対抗する中国が英国の阿片商人の製品を没収したので、英国は自由貿易の名の下に阿片戦争を引き起こしました。先進国の名誉の問題もありました。

結局はイギリスが勝利を収め、自分の商業条件を中国に課し、そのうえ香港を中国からもぎ取りました。

これは 1840 年頃から 42 年の間の話で、日本では江戸時代末期、まだ誰も気が付かないまま、明治の開化が密かに近づいていた頃でした。

捕鯨の場合と同じく、中国茶に対しても、アメリカがイギリスと

競合し始めました。しかもアメリカはイギリスの船より早くて効率のよい帆船を建造し、広東からニューヨークやロンドンへ出荷を始めました。イギリスとの競争で、アメリカが勝利を収め始めたのです。そして中国茶の英国独占が終わりを告げ、イギリスはインドで茶の栽培を始めることで活路を見出しました。その後のインドでの茶の発展はご存じの通りです。

　日本は阿片戦争に関与しないで済み、そのお茶は中国茶みたいに俗化もせず、日本独特の、気品ある緑茶の世界を作り上げることができました。現在ではヨーロッパで「日本茶」として売られている茶は、そのほとんどが実は中国、ヴィエトナム等のアジアや、ブラジル、アルジェチン等の南米からの輸入品です。これは「日本茶」という呼称が高級茶の像を与えること、更に、日本には「原産地表示」を保護する法律がなかったので、輸出国がそれを利用していた事も原因です。

　結局はアメリカがイギリスから独立しました。フランスは勿論、宿敵イギリスの足を引っ張り、アメリカの独立を助けました。当時のフランスとアメリカの指導者の共通点は、多くがフリー・メイソンという結社に属していた事と、フランス語を話せる点でした。ラ・ファイエット侯爵は緒戦で勇名を馳せ、アメリカ各地の町に、ラ・ファイエットという名が付けられました。モンテスキュー男爵の、政府は執行部と立法部と司法部の３権に分立させるという思想は、アメリカの憲法に導入されました。

　ピエール－オーギュスタン・キャロン・ボーマルシェは『セヴィリアの理髪師』や『フィガロの結婚』を著した劇作家ですが、オーストリア人で同じフリーメイソンに属するモーツアルトが後者を歌劇にしたのでも有名です。ボーマルシェの別の職業はスパイで、し

かも並みのスパイではありませんでした。フランスの外務大臣と組み、フランス北部の港町で劇を準備中に、9隻の船一杯に武器を積み、英国に対して独立戦争中の米国フリーメイソンのジョージ・ワシントンへ送らせたのです。フランスにしては、全てが宿敵イギリスをやっつける為でしたが、生まれたばかりの米国には非常に重要な贈り物で、その重要さは記録にも述べられているそうです。

ピエール・シャルル・ランファンはワシントンの町を設計しました。その中にはフリー・メイソンの色んな象徴が隠されて入っています。このような状態の下で、フランスは、英語がアメリカで支配的な言葉になるとは思っていなかった筈です。なぜならフランスは、米国の最も古い同盟国だったからです。それに対してイギリスは、今では、米国の最も近しい同盟国だ、と言われています。

アメリカは大きく、色んな人種が共同体を作って住んでおり、それが加速して、アメリカの英語はイギリスの英語から決定的に離反して行く事になります。

例えば、カリフォルニアはアメリカで最も人口の大きい州であり、最も多い外国生まれの人口（1,000万人、200の異なる言語）を持ち、2014年にはラチノグループが、ヨーロッパから直接に移住してきたいわゆる白人の人口を追い越し、2060年までにはカリフォルニア人口の半数をしめるようになるそうです。

終にアメリカの最高裁判所は、西部の9の州（スペイン語を話す従業員が多い）で、会社が雇用人に仕事場では英語しか使わないように課するのを許しました。

これはフランスのトウボン法に相当するものですが、英語の中にフランス語の単語（vis-à-vis, volte-face, cul-de-sac, bureau de change, nouveaux riches, divorcee, demandeur, grande dame, chasse gardee, a la carte, protegee, laissez-faire) がたくさん入っているのはどうするのか？

　こんな例もあります。韓国系のアメリカ人がアーカンソー州で育った物語の映画を作った時、会話の半分が英語ではなかったので、アメリカの最優秀賞には資格がなく、外国語映画の部門でのゴールデン・グローブ賞を得た。言葉が大事で、地理は問題にされなかった。しかし州によっては国語を英語と決めていますが、米国連邦としては、国語は憲法や法律で決められていない筈なので、この映画は不当な取り扱いを受けたようにも思えます。

　アメリカでは 1906 年、アンドリュー・カーネギーの出資で、米国簡易化筆記会議が作られ、英語をより学びやすくして世界の言語にしようと計りました。まず "valour" や "colour" から "u" を除き、"ough" を "o" に変え、"dressed、kissed、washed" などの "ed" を t に変えるなどでした。しかしこの委員会は、カーネギー氏の 1919 年の死亡により資金に枯れ、自然に消えてなくなりました。筆記を改革するのはとても難しい。ただ、英語に比べて米語では "valour" や "colour" から "u" を除くのには成功し、また英語の単語の終わりの "re"（centre や theatre）が米語では "er" に変えられています。

　南アフリカではアフリカーナ語が作られ、ヴィエトナムでは新しい筆記法が発明されたのは例外で、一般には国語の変革は、独裁者のアタチュルクや毛沢東の下だけで成功しています。

　ただ、単語を変えるのは難しくても、アメリカ人はイギリス人とは別の英単語を、米語として使い始めました。

　世界的にみて、一番人気があるスポーツはフットボールでしょう。このスポーツはアメリカに入って、サッカーと呼ばれるようになりました。歴史的には、19 世紀の中期のイングランドのエリート学生

は "association football" を "assoccer" と呼び、"rugby football" を "rugger" と呼んだそうです。この "assoccer" が米国へ渡り、"American football" と区別する為に "soccer" へと短縮されされたそうです（米国のボブ・グッドロー氏）。何だか、古フランス語が英語に順化された時の経過を思わせます。

　すぐに気が付くのは、日常の生活、中でも運輸（"transport" 対 "transportation"）の手段に関して、英国と米国では呼び方が違うようになってきた事です。

「鉄道」は "railway" 対 "railroad"

「自動車」は "motorcar" 対 "automobile"

「飛行機」は "aeroplane" 対 "airplane"

「航空」は "airway" 対 "airline"

「貨物自動車」は "lorry" 対 "truck"

「オートバイ」は "motorbike" 対 "motorcycle"

「原動機付自転車」は "motorised bicycle" 対 "motorbike"

「地下鉄」は "underground" 対 "subway"

「片道切符」は "single ticket" 対 "one-way ticket"

「往復切符」は "return ticket" 対 "round-trip ticket"

「時刻表」は "timetable" 対 "schedule"

「汽車の駅」は "railway station" 対 "train station"

「汽車の手荷物車」は "luggage van" 対 "baggage car"

「手荷物車」は "luggage trolley" 対 "baggage cart"

　さて、前者と後者、どちらが英語で、どちらが米語でしょうか。答えは、日本の方々が聞き慣れている方が米語です。

　でも、これらの英語と米語はお互いに意味が通じるので、あまり問題はないでしょう。しかし、次の単語になると、うまく理解する

には、少し努力が必要になります。

「乗合自動車」は "coach" 対 "bus"

「市街電車」は "tram" 対 "trolley / streetcar"（/印は「または」という意味。以下同じ）

「手押し荷車」は "trolley" 対 "shopping cart"

「流し」は "taxi" 対 "cab"

　自動車の部品も、英米で言葉の違いが多い分野です。

「車蓋」は "bonnet" 対 "hood"

「車の泥除け」は "wing" 対 "fender"

「車の荷物入れ」は "boot" 対 "trunk"

「車の側燈」は "sidelight" 対 "parking light"

「発電機」は "dynamo" 対 "generator"

「揮発油」は "petrol" 対 "gasoline"

　道路に関する標識だってそうです。

「横断歩道」は "pedestrian / zebra crossing" 対 "crosswalk"

「迂回路」は "diversion" 対 "detour"（フランス語と同じ）

「路上の駐車場」は "lay-by" 対 "rest area"

「歩道」は "pavement" 対 "sidewalk"

「交通信号」は "traffic lights" 対 "stoplight"

「立体交差」は "flyover" 対 "overpass"

「円形交差点」は "roundabout" 対 "traffic circle"

　次に眼に付くのは、食べ物の名前や身近な日常品でしょう。

「揚げ物」は "chips" 対 "fries"

「堅パン」は "biscuits" 対 "cookies / crackers"

「飴」は "sweets" 対 "candy"

「缶」は "tin" 対 "can"

「ズボン」は "trousers" 対 "pants"

「下ばき / ズロース」は "underpants / pants" 対 "drawers / pant-ies"（女性子供用）

「運動靴」は "trainers" 対 "sneakers"

「チョッキ」は "jacket" 対 "vest"

「おむつ」は "nappy" 対 "diaper"

「飲み屋」は "pub" 対 "bar"

「待ち列」は "queue"（仏語と同じ）対 "line"

「塵」は "rubbish" 対 "garbage"

「蛇口」は "tap" 対 "faucet"

　その他諸々で気が付く汎用の言葉は――

「秋」は "autumn" と "fall"

「映画」は "movies" 対 "films"

「昇降機」は "lift" 対 "elevator"

「怒っている」は "angry" 対 "mad"

「ハイカラな」は "well dressed" 対 "smart"

　英語と米語で同じ単語なのに、意味が異なる場合は――

　"wash up" は「食器を洗う」対「うまくやる」

　"billion" は「兆」対「10億」

　英国と米国で、同じ単語なのに意味が異なるのは、特に測量の分野で多いようです。

　重量の "ton", "pound", "ounce"

　液量の "gallon", "pint", "ounce"

　概して英国の方が米国より量が大きいのは、新興国アメリカよりお金持ちで寛容だったからでしょうか。ただ、液量の "ounce" の計算では、英国が "pint" の20分の1とするのに対し、米国は16分

の 1 とするので、米国の方が大きな数になります。

　でも、国によって測定法が違うと困ります。そこで今は、宝石、貴金属、薬品など以外の製品の質量を示す単位は国際的に標準化され、「常衡ポンド」"avoirdupois pound" とか、"avoirdupois ounce" と呼ばれます。"avoirdupois" はアングロ−ノルマン起源のフランス語 "avoir du poids" から取った冠頭詞です。

　時制や助動詞の使い方で違う場合もあります。例えば──

　"get" の過去分詞は "got" 対 "gotten"

　"wake" や "awake" の過去形と過去分詞形になると、英国と米国でどれが正しいのか、分からなくなります。いま流行りの "woke" は米国式の「過去分詞」なのか、又は「形容詞」なのか、それが "cancel culture" やフランス学説に基づく "deconstruction" にどのように関係するのか？　これは、例え英米で共通する単語を用いていても、イギリスとは関係なく、完全にアメリカの問題のように思えます。

「有罪を認めた」は "He **pleaded** guilty" 対 "He **pled** guilty"

「やります」は "I will do" 対 "I will"

「……座ってもよいですか」は "**May** I sit ..." 対 "**Can** I sit ..."

　前者が英語で、後者が米語です。

　米国にしか考えられない表現もあります。中心街は downtown、中心街から最も離れ、しばしば住宅街とみなされる地域が uptown。

　短すぎてよく分からない言葉は "token" です。具体的な一つの例は小銭の形をした金属で、トークン・ブースで買って、それで運賃を払うらしく、アメリカのどこの町にでもある物ではないようです。

　しかし英語から本質的に分枝したのは、アメリカ建国に参加したアフリカン・アメリカン達が、自分たちに適するように話し始めた

米語でしょう。それは、アフリカン・アメリカン・イングリッシュ (AAE) と普通は呼ばれます。それは英語が乱れて崩れたのではなく、英語の語源から、特殊な状態のせいで別の方角に発展した言語と考えるべきだ、と言われます。英語の親戚みたいな言語ですが、一般的に英語より単純化され、三人称単数でも "s" を付けない。また英語では副詞で説明しなければならない事を動詞の時制で達する事ができます。しかし裁判所の報道者でさえ、うまく理解できない程、異なる言語になったそうです。

英米の辞典争い

サミュエル・ジョンソンの辞書は 1755 年に出版されたそうですが、それと並んで有名な英語の最初の文法の本は、1762 年に出版されたロバート・ロース（Robert LOWTH）の『英語文法への短期入門』だとされます。ロースが課した文法の主要な点は、少なくとも次の 3 点です。

(1) 文は前置詞で終えてはならない。

(2) 二重否定は肯定になる。即ち "He didn't say nothing" は "He said something" と同等になる。

(3) "whose" は、無生命の物に関しては使ってはならない。つまり "in an idea whose time has come" は間違い。

確かに外国人の私も、この英語の原則を教わりました。しかし今では、彼の勝手な権威主義が英語の昔からの野放し状態を作り出した、と非難されています。彼の処方箋は、彼が出した頃でも誰も守っていなかったのに、学校では、これが正しい、と叩き込まれたか

らです。

　実際には原則（1）は文章の優雅さのためらしく、必須な規則で
はないようです。原則（2）に関しては、カルテジアンの私には当
然のように思われます。

　原則(3)では、"whose time" と言う代わりに "the time of which"
と言わされましたが、現代の英語では、恥もなく "whose" をそのま
ま使ったり、又は "which time" で代替したりして、ロースの規則
を掻い潜っています。

　イギリスとアメリカでは、直説法と仮定法（接続法）に対しても、
態度が異なりました。

　英国は現代では、下記のように、直説法を使うようになっていま
した。

"The teacher asks that Jack writes a poem"

"The boss is determined that the future of his firm is shaped
in Tokyo"

　ところが米国では、19世紀後半から、同じ文章に仮定法を使うよ
うになりました。

"The teacher asks that Jack write a poem"

"The boss is determined that the future of his firm be shaped
in Tokyo"

　この米国式は英国に逆輸入され、場合により使われるようになり
ました。その理由は、文章に優雅さを齎すから、だそうです。

　次の文章を考えましょう。

"If the world was (were) green, ..."

　直接法 "was" を使うのは、かなりの割合で事実だ、とみなされる
場合です。

　仮定法 "were" を使うのは、非現実的で仮定的だ、とみなされる場合です。従って、

　"If you ate that, you would get sick"

　"If you ate that, I am very much impressed"

　の2例では同じ動詞の過去形 "ate" を使っていますが、前者が仮定法で、後者は直接法である事は、その後の主文で使われた動詞で分かります。

　どうしても正統だと思えない "irregardless" という単語がありますが、"Merriam-Webster" は、この単語を正式に採用しました。これは "irrespective" と "regardless" を不注意に混合したものでしょうが、下手すると、二重否定形として肯定的に解釈される恐れがあるでしょう。

　この辞書は、さらに、万能否定形動詞 "ain't"（be 動詞、have 動詞の1人称、2人称、3人称の否定疑問形として使う）や "heighth"（高さ "height" の間違い、又は訛り）をも正式に採用しています。

　"American Heritage Dictionary" は "Webster III" に対抗して伝統派が創設した辞書ですが、それも "irregardless" を採用しています。かの、イギリスの "Oxford English Dictionary"（オックスフォード事典）も、それに従うようになりました。

　更にアメリカの "The Corpus of Contemporary American Dictionary" は、ブログの注釈やテレヴィジョン会話などからの言葉を載せます。

　"Oxford English Dictionary" は 1823 年にエリート（elite）というフランス語の単数形を英語としても採用しました。それは "chosen" と同等の意味であり、更に "elect" と同じ語源から来ている、と述べています。

しかし現代では、エリートの意味がとても変わり、特に複数形にして否定的に使われ、大まかには次の意味になるそうです。

「正直な庶民が正当、公平に取り扱われないようにして、労せずして特典を得た人々」

　グーグル・ブックからの資料によれば、複数形は1940年ごろから使われ始め、1960年ごろからエリーテイスト（elitist）という言葉が使いだされた、ということです。

　ブレギジット（欧州連合からのイギリス脱退）の時の著名雑誌の記事で、次のような例がありました。

　"Elite London journalists, noshing on **sushi**, ignore, the problems that hard-working northern British people suffer as a result of immigration"

　こんな場合に挙げられるのは、ピザが常連でした。代わって寿司が現れるとは！　時代も変わったものですね。

　ついに 1980 年、著名な "Oxford English Dictionary" は、『オックスフォード・アメリカ語辞書』を出版するまでになりました。

　かくのごとく、米国と英国では２世紀来、お互いをうまく理解できず、お互いに辞書を作り合って争っていますが、ピーター・マーチンによると、お互いに相手の侮辱だけはよく理解するそうです。

「コモンウエルス」対「国際仏語圏機構」

　英連邦（ブリテイッシュ・コモンウエルス・オブ・ネイションズ）は、南アフリカでのイギリス人とオランダ人移民との間のボア戦争の後、1931 年に結成された政治的な団体で、英連邦内での特恵関税を決

め、新設された自治体である連邦（カナダ、オーストラリア、ニュージーランドなどの英語圏）を分類し、最終的にはその他の国を英帝国から排除する事でした。それは 1949 年に「コモンウエルス・オブ・ネイションズ」と改名され、英王冠を、それへの忠誠を誓うのではなくて単に象徴とするように変更し、新たに発足ました。

「コモンウエルス」とは言葉通りでは、共通の繁栄を求める団体でしょうが、実際には英語圏の利益団体なのでしょう。アンドレ・フォンテンヌ氏によれば、「コモンウエルス」として色んな人種、文化、宗教、思想、社会の人間が毎年エリザベス女王の許に集まり、皆が若い頃に何人かのイギリス人同僚と親しく交わった事を誇りにしている団体です。しかし実際に参加国を結束しているのは、イギリス特有のスポーツである「クリケット」だとも言われます。今では「ゴルフ」かも知れません。

　しかしアメリカ合衆国がそれに加盟できないのは致命的で、チャーチルの夢見た英語圏による世界支配の夢は実現しそうにありません。アメリカはイギリスの支配を嫌い、多分にフランスの助けを得て、イギリスから独立した国だからです。

　ジョージ・バーナード – ショウは皮肉を込めて、
「イギリス人とアメリカ人は、1 つの共通の言葉で分離された、2 つの偉大な国民である」

　と言いました。しかし米国で新大統領が選ばれた時には、大統領は今でも、ロンドンからの祝辞を待ちながら、他の国からの電話は受け付けないそうだし、大統領がホワイトハウスの職務に付いてやる最初の仕事は、ロンドンに挨拶の電話をする事だそうです（実際には、ロンドンに電話する前に、まず、隣国のカナダとメキシコに電話するようです）。それが本当なら、格を重んじる外交の習慣が生まれたの

167

は多分にフランスのせいらしいので、フランスは自業自得ですよね。でもそんな馬鹿らしい習慣は、"Bullshit!"と言って、ぶっ壊したくなりますね。

　しかし歴史的には、アメリカの中にも、別の「コモンウエルス」が存在しました。アメリカが建国される前に、イギリスの所有地であったケンタッキー州、マサチューセッツ州、ペンシルヴァニア州、ヴァージニア州の4州がコモンウエルスを結成していたのです。従ってこれら4州は今でも、イギリスの慣習法に強い影響を受けています。

　しかし「コモンウエルス」の意味、つまり「共通の繁栄」とは、英語を国語とする国々から成る共同体の繁栄に過ぎず、英語圏にいない国には利益になりません。それなのに、恰も人類の繁栄を求める団体のように謳うのは、人によっては、イギリス的な偽善性だ、と思うでしょう。フランス人がそう思っているのは、ほぼ確かです。

　そこでフランスは、より正確な言葉で、「国際仏語圏機構」と名付けた利益団体を設置しました。1970年のことです。そして現在、正加盟国は54ですが、7の協力会員国（但し、フランスの海外共同体であるヌーヴェル・カレドニーをも含む）や27の傍聴国（カナダのオンタリオ州と米国のルイジアナ州、欧州連合中の仏語を国語としない多くの国、更にフランスとは歴史的な関係の薄い東洋のタイや韓国をも含む）を加えると2018年には88カ国になっており、国の数ではコモンウエルスの54カ国を楽に追い越します。が、人口はコモンウエルスの24億人に比べ、3億人と、ずっとずっと少ないのです。

　フランスは、中身はともかく、カトリックの衣でそれを覆い、化粧と香水で外観を魅力的にしてしまいます。これは実利的なアングロ-サクソン的プロテスタントとは異なり、幻想を求め、美化精神に

富んでいるからでしょう。かくして、ここでも英語圏とフランス語圏の闘争は続きます。

そしてアフリカでも、英語圏と仏語圏の争いが絶えません。

カメルーンはもともとドイツの植民地になっていましたが、第1次世界大戦後に、フランスとイギリスが4対1の割合で分割しました。カメルーンは公式には2カ国語を公式語としていますが、仏語圏が人口の80%を占め、英語圏は20%で、政府はフランス語での教育を課し、フランス語から英語の翻訳はしないなど、英語圏は不平等に取り扱われているので、英語圏は自治を求め、政府はそれを弾圧し、争いが絶えません。

ルワンダはもともとベルギーの植民地で、仏語圏と英語圏（ケニア、タンザニア、ウガンダ、ブルンデイ）の境目に位置します。この国にはフランス語と地域語の2つの公用語がありましたが、フランス語を話す人口は6%、英語を話す国民は約3%、大多数は地域語しか話せません。しかし1994年に仏語圏の民族が英語圏の民族を攻撃し、フランス軍が介入しなかったので、英語圏民族が大虐殺されました。ところがその後に、英語圏の民族が政権を奪取しました。英語は1996年に3つ目の公用語になったばかりでしたが、新政権は2001年にフランス語を公用語から落とし、教育語としても英語が仏語に取って代わってしまいました。政治的な問題の他に、双語教育の問題もあったようです。

そればかりか、ルワンダは仏語圏の「中央アフリカ共同体」から脱会し、同時に英語圏の「東アフリカ共同体」とコモンウエルスに加盟し、英語圏に近づきました。

ただ、ルワンダが公用語を英語に変えた後でも、国際仏語圏機構との関係は、休止状態になったまま残っていました。一方、ルワン

ダの大統領が独裁者で、周囲の英語圏には友達ができなかったので、2016年には「中央アフリカ共同体」に再加盟しました。

それからは、フランスのいわゆる「地理政治」が始動しました。2018年にはルワンダの昔の外務大臣を国際仏語圏機構の代表者にし、2021年にはフランスの大統領がルワンダを訪問して虐殺の責任を認めたのをきっかけに、フランスとルワンダとの関係は正常化され、フランスは首都のキガリにフランス語文化センターを設置する迄に勢力を盛り返しました。

ガボンは伝統的に仏語圏なのですが、2012年、ガボンの大統領がルワンダを訪問した直後、英語をフランス語と同じ資格の公用語にしました。それは大統領が、ルワンダが英語を公用語にした後に発展を遂げたのを見て、ガボンも双語公用語の方が発展の為によいだろう、と考えたせいでした。実にアフリカ諸国では、国語は便宜的な手段に過ぎません。ちゃんとした国語を持っている国は、その有難さをもっと自覚すべきでしょう。

ナイジェリア（この国では500以上の言葉が話されている！）とガーナはもともと英語圏だったのですが、周りの国々が仏語圏なので、政府はフランス語の習得を推奨しているそうです。

さて、北アフリカの大国アルジェリアは、フランスから独立した後、フランス語を放棄し、標準アラブ語を国語と指定し、エジプトやシリアから先生を招き、標準アラブ語で教育しようとしました。しかし国民は幾つものアラブ方言を使い続け、人口の４分の１を占めるベルベール人（アラブ人が移住してくる前の原住民）はベルベール語を使い、ほとんど誰も標準アラブ語に慣れようとはせず、今度はアラブ支配に対する反感が生じて来ました。

結局、どの言葉を国語にすべきかで混乱が起こり、エリートはフ

ランス語を使い続け、反仏語派は、これらの混乱を一掃するために英語を使う事を主張しました。

　政府では、科学や文化はフランス語で教育すべきだ、という意見が強まりました。その時点では大学生は法律や政治や宗教はアラブ語で学び、その他の事はほとんどフランス語でなされました。法廷や公報はアラブ語ですが、政府内や経済界や文学界ではフランス語が使われました。政府閣僚の間でも、アラブ語でちゃんと話せる人は少なかったそうです。

　その後もまだ言葉を統一できず、同じ言葉で話す事ができず、若者は言語政策の犠牲になり、自分をちゃんと表現できず、それが国の発展を遅らしている、と考えられています。しかし 2019 年現在、大学はフランス語より、むしろ英語で教育するように、との命令が出されているそうです。

　隣の国モロッコでは現代標準アラブ語とベルベール語が公用語ですが、科学や数学はフランス語で教えてよい事になっており、政界や経済界や高等教育はフランス語でなされています。

　アラブ語を話す人口は 5 億人近くいるのですが、問題はアラブ語の話し言葉が地方により異なり、またアラブ語で読み書きできる人が少ない点です。何か、昔の中国の国内事情を思わせますね。最近サウジ・アラビアでは、日本風のコミック本（アラビア漫画）を生徒に配布して、アラブ語を習得させるのに懸命です。

　さて、国際仏語圏機構ですが、この機構にはフランス語を公用語とする国というより、フランス好きの国が多く傍聴国（オブザーヴァー資格）として参加しています。タイ国とかラトヴィアとか。

　東南アジアからは植民地時代からフランスと関係の深いヴィエトナム、カンボジア、ラオスが加盟しています。しかしヴィエトナム

はすっかりアメリカ化され、英語化されてしまい、私の出席した会議には仏語の通訳はおらず、英語の通訳に、なぜか、と聞いたら、旧宗主国のフランスと関係ある者は昇進できない、と小声で話してくれました。実際、対米戦争をまだ覚えている年令の指導者たちを除き、フランス語を話せる人が激減してしまいました。今後のフランスは、これら３国を政治経済的に助け、また、例年行われるフランス語圏会議にもっと活を入れなければなりません。

極東からは2016年に韓国が傍聴国として加入しました。実際、韓国には、少ない人口にも拘わらず、フランス語教育の学校「アリアンス・フランセーズ」が６校もあり、中国の15、インドの14に次ぎ、日本の４校より多いのです。フランス語を話す人は、韓国が日本より多いとは思えず、しかも韓国人は日本人より米国と英語に傾倒した国民なのです。この国際仏語圏機構への参加は、韓国人の進取的な気性と、恐らくフランスとの相性の良さから来ているのでしょうか。確かに韓国人は、フランス人に劣らず血の気が多く、過激なデモには事欠かず、権威を恐れず、何人かの国家元首まで牢屋に入れてしまいました。そんな国民性は、日本人にはない血気の賜物でしょう。

「韓国と日本は、近い歴史と距離で分断された、２つの偉大なる文化国」

なのでしょうか。

フランス語の話し手は、2018年現在で２億7,500万人、世界の使用言語の序列では、マンダリン、英語、スペイン語、アラブ語、ヒンズー語に次いで６番目、または、アラブ語は話し言葉が国によって大きく異なるので、１つの言語とみなさない場合には５番目になりますが、2050年には４番に上がるという予測です。尤も、現在

の仏語圏のアフリカ諸国が仏語圏を離れず、今までの調子で子供を産み続けてくれる、という条件の下での計算です。

　例えばアフリカのルワンダは仏語と英語の２カ国語を国民の共通語としていましたが、2008 年に、英語のみを教育と官用の言葉に指定しました。こういう事があると困るのです。もっともこの場合は、ルワンダ民衆の希望というより、フランスに反抗する政治的な決定でしたが。

　フランス語は、インターネット使用者では３番目で、商業語としては３番だそうです。これは、フランス語ではアクセントを付けるので、英語に比べて 28％がた余計な記号が必要になる事を考えれば、立派な成績です。

　アフリカでは 20 カ国近くがフランス語を公用語にしており、フランスの期待は、2050 年にはフランス語を話す人口が、今の２億7,000 万から７億 5,000 万に増えそうだ、という計算です。フランス語を話す国々の国内生産の総計は世界の 8.4％を占めますが、2050 年にはフランス語を話す人口の 80％以上はアフリカ人でしょう。ルワンダがフランス語から英語に変えたような事がなければ、フランス語の位置は今の５位から３位に上がるでしょう。

　フランス大統領は、
「フランス語は、明日にはアフリカでの、そして多分、世界での第１語になるかもしれない」
　という希望的予測を述べましたが、それは根拠のない誇張だった訳ではなく、ちゃんと、Natixis という調査会社の結論に基づいてもいました。ただ、計算の仕方に手品があり、フランス語が公用語である国々の全人口を数えた場合に限られます。フランス語が公用語である国は 32 ありますが、公式語がフランス語でも、実際にはそ

れを話せない人々は沢山おり、またアフリカには、2つか3つの公式語を持っている国もあります。従って、2050年になっても、実際に話されている言葉としては、英語人口の方が多い筈です。

20世紀末の国連総会では、フランス語で話した国は20％足らずでした。50年経った2050年には、この20％はどの位に変わるでしょうか。フランス語を話す人口は増えても、国の数はほとんど変わらないでしょうね。

ニコラ・バヴレズ氏は英語圏が世界の経済を握っているのを皮肉って、

「経済界では、ちゃんとしたフランス語を使い、ローマ法を尊重する仏語圏は、まずい英語を使い、慣習法で押しまくる英語圏より効率が悪い筈はない」

と述べています。

ただしアフリカのフランス語はフランスのそれとは少し異なり、ちょうどブラジルのポルトガル語やアメリカの英語みたいに、元の言葉とは少し異なる言葉になっているでしょうが。

ただ、イギリスのコモンウエルスが「クリケット倶楽部」だと言われるように、フランスの国際仏語圏機構は「高級料理倶楽部」とも言われるようになりました。

また、1982年にできた「コモンウエルス・ユダヤ会議」に倣って、1989年には「仏語圏・ユダヤ主義協会」が設置されました。フランスには約60万のユダヤ系、イスラエルには50万の仏語系、その他を合わせ、世界には150万の仏語表現のユダヤ人がいるそうです。

英国の悩み

オックスフォード大学では 1921 年まではフランス語を選択できませんでした。理由は、そこへ入学するほどの知識層なら、みなフランス語に堪能だとみなされたからです。現代はそれほどではなくなったにしろ、イギリスは伝統的にフランス語を第 1 外国語として学ぶ国でした。イギリスにとって、欧州各国は友人に過ぎませんが、フランスは家族の一員です。家族だから仲が悪いのでしょう。

イギリスの中学校（14 歳から 16 歳）は昔から、少なくとも 1 つの外国語を教える義務がありましたが、2004 年からその義務がなくなりました。そのせいで、16 歳で受ける学力試験のときに、既に半数が外国語を放棄するそうです。政府は、今後はもっと若い、7 歳から 11 歳の生徒に外国語を学ぶように奨励する、と言っていますが、どうも外国語教育を放棄する前の口実のように聞こえます。

2018 年現在、イギリスでは中学校で外国語を学ぶ生徒はついに50％を切りました。その分だけ他の科目に学習を集中できるので、それはそれで悪くないでしょう。

外国に出れば、土地の人の英語の方が、本人の片言の土地の言葉より上なので、結局、会話は英語になってしまうでしょう。しかも、外国文化の主体である音楽や視覚芸術では、土地の言葉は不要であり、幕間を「スプレンデイッド」「ワンダフル」の 2 語で埋めながら生活できます。

ただ、文学や哲学に関しては、どうもうまく行きません。その土地での、生きる楽しみ、生き甲斐などにまでは達しそうにありません。そこでパブの片隅に集まって、仲間の間で英語を話しながら生暖かいビールを飲んだ方が、外国情緒が味わえます。

そんな感じの英国人や米国人を、シンガポールや香港でよく眼にしましたが、最近はカリフォルニアにも、英国人だけの為の、そんなパブがあるそうです。米国人の間で、英国人だけが集まるパブです。ただそこは「パブ」と呼ぶより、米語で「バー」と呼ぶ方が当たっているのかも知れません。英国人と米国人は、同じ言葉で分離された、異なる文化の国民たちだからでしょうか。

イギリス人でさえ、将来の英国が外国語を話せなくなるのを想像して、次のように皮肉っています。英国の報道記者がアフリカの旧フランス植民地へ乗り込み、そこで展開する種族間の虐殺の記事を取るときの悲劇、いや喜劇、を想像した場面です。

「XX テレヴィ局の者です！　強姦された人、手を上げて下さい！但し英語を話せる人！」

いや、英国人も外国語を持っています。

「それは、土地の人が分かってくれないときに使う、ゆっくりと、声を高めて繰り返す英語です」

内緒の話をしたいときは？

「分かり難い表現を、早口で話すしかありません」

英語には綴りの他にアクセントの問題があります。それは地域によって異なり、英国内でもそうで、スカウス・アクセント（リヴァプール近辺）、ブラミー・アクセント（バーミンガム近辺）、ジョーデイ・アクセント（北英）、エスチュアリ・アクセント（ロンドンを含む南東部）、しかも後者はジャマイカやインドのアクセント、これらのアクセントと方言がイギリス全体で広まっているそうです。昔に比べるとテレヴィが波及し、人が移動し易くなったにも拘わらず。

しかも、イギリス人には英語国で生まれたという大きな言語学上の障害があるのです。それはどの外国人も、自分の英語は英国人の

話す外国語より質が上だ、と思っているので、英国人には外国語を話す機会さえないのです。

　ただ、イギリス自身は既に 1974 年の調査で、商売を英語だけでやろうとするのが間違いだ、と悟りました。イギリスからの輸出は英語ではなく、市場国の言葉を話すかどうかに直接に関係していることが分かったからです。

　次に 1987 年の調査で、英国の企業は土地の言葉を話せる方が商売がうまく行く、と確認されました。その調査によれば、外国語を話す時の方が合理的な決定をするからだそうです。

　更に 2006 年の多国籍企業に関する調査では、約 20 の市場での交渉では英語が優先的に用いられるが、ドイツ、オーストリアを含む 15 の市場ではドイツ語で交渉する方が輸出は伸び、フランス、ベルギー、ルクセンブルグを含む 8 市場ではフランス語を用いる方が輸出は伸びます。

　しかも、これら調査のずっと前から、次の格言がありました。
「車は客の言葉で売り、自分の言葉で買う」

　この金言は日本人が作ったものです。

　今ではイギリスの市民権を取るには、英語の試験を受けなければなりません。既に英語を話す国（オーストラリア、ニュージーランド、カナダなど）からの応募者は特定の判事や教員や町会議員などによる認証が必要です。ところが、英国とこれら英語国ではときに単語が異なるという点の他に、認証する方の英国人が候補者より英語に弱いという現象さえ起こります。なぜなら英国の議員になるには英語は必須ではなく、英語が母国語でない町会議員が沢山いるからです。

　最近のウエールズ地方では、道路標識にウエールズ語を使うようになりました。しかも英語の前に置くのです。そればかりか、ウエ

ールズ語を話すウエールズ人の人口を増やすため、19世紀にアルジェンチンへ移民していたウエールズ人をイギリスへ呼び戻す作業さえ始めました。

　イギリスの南西端にあるコーンウオール地方にもケルト系の人種が住み、伝統的にはコーニッシュ語を話していました。コーンウオールでは牛でさえ英語を話すのを拒否する、と言われた位でした。そのコーニッシュ語が英語のせいで消滅する寸前でしたが、欧州連合の補助により、今では道路標識に使うほどに復活しました。しかしイギリスが欧州連合を脱退してしまった今でも、果たしてイギリスは、そのような努力を続ける事ができるでしょうか。

　しかも、米語が世界に拡がるにつれ、英国の将来はスイス化されてしまう恐れが出てきました。ご存知のように、スイスにはドイツ語圏と、フランス語圏と、イタリア語圏と、RHETO-ROMANCHE語圏があります。ドイツ語圏は隣のドイツからの独立を守るため、自分らの方言「シュヴァイツアー・デュッチ」に執着しています。かくして、自分等はドイツ語に不自由なくても、ドイツ人はスイス方言に苦労する、という情況が生じます。英国と米国の間でも将来は、英国人は米国英語が分かっても、米国人はイギリス方言の理解に苦労する、という状態になるかもしれません。

　殊に、皮肉な英国人は、こう言っています。

「英国の外交は、米国の心を先取りして米国に提案する技術だ」

　実際には、英米の特殊な関係は、文化面でも見られます。ハリウッドのスターにイギリス人の男女優が多い事、イギリスのビートルズやローリング・ストーンズの歌は、アメリカのロックンロールやブルーズを基にし、それがアメリカで受け、それから世界に広まった事、イギリス映画のジェームス・ボンドは英語圏のアメリカ人と

カナダ人が制作したもので、アメリカの広い市場を利用した後に世界に広まった事、などなど。

　かくして英米の特殊関係は、コモンウエルスの枠外で維持されて行くのです。

イギリス英語の行方

　英語はそのおもて面では、簡潔で、実用的で、情報を運び、商売を進め、律動を伝える言葉です。しかし裏面では、形を持たず、間違いを許し、いろんな外来語を受け入れる、寛容な言葉です。英語は言わば融けたガラスのようなもので、伸ばしたり、切ったり、形にしたりできる柔軟性があります。綴りを間違っても、発音を間違っても、単語の位置を間違えても、最後には英語になってしまうという、おかしな言葉です。英語は形にこだわらず、単語や文章が短く、構造が簡単で、単語に性もなく、誰でも近づき易いのが特徴です。そのせいで、今ではいろんな国で、異なる英語が話され始めました。ただ、その分だけ正確さに欠けることにもなります。

　実際、深い哲学を表現し、微妙な法律問題を扱うときには、使う英語に注意しなければなりません。アメリカの法律用語では今でもよく、フランス古語に由来する単語を使うことをご存知でしょう。英語みたいに語彙が多く、慣用句が多いと、意味が不透明になり、その上に前置詞により成句の意味が変わってしまうので、大変危険です。

　そこで英国人は、簡易にし過ぎて不正確になった英語を、なるべく正確に使うように大きな努力をしています。単語の順序を変えた

り、関係代名詞を繰り返したり、リズム感に意味を与えたりして、文章は簡明でも、曖昧さがなく理解されるように努力します。

それは日本人も見習ってよい点でしょう。例えば「それは」と言う言葉が使われたときは、それが前文中の何を意味するのかは、作者が責任をもって明確にしなければなりません。現代の日本語では、漠然と「それは」と書かれてしまって、読者の方がその「それ」を探し回らねばならないという場合が何と多いことでしょう。

代名詞の "Which" を使い、それが直前の名詞に懸るという原則から外れるときは、その代名詞がいったいどの名詞を代名するのかを明瞭にするために、いろんな手段が講じられています。更に英語には律動感により、冠詞を添加したり、しなかったり、しかも冠詞の省略によって意味が不明瞭になるかどうかまで考慮されます。

自分の言葉が国際語になるのは、保有外貨みたいなものだ、とも言われます。短期には悪くないが、長期には不幸しかもたらさない。ここで思い出すべきは日本です。1990年頃までの日本は、日本語を駆使して国の守りを固め、外国に出ると英語を呟きながら日本製品を販売し、投資し続けました。英国の知識層は次のような意見さえ吐いています。

「イギリスは当時の日本の政策を見習い、本来の（不実な）イギリス英語に戻って国を守り、国際英語の役割は米語に任せるべきだ」

その意見が聞こえたのか、2010年、イギリスは「イギリス英語を守る協会」を発足させ、正しい英語を定義するという作業を始めました。実に、フランスが「アカデミー・フランセーズ」を設立して、仏語を外国語の汚染から守る作業を始めてから、375年も後になります。

一方でイギリスの学校は、イギリス英語とは区別して、米語を教

える特別の教課を開設し始めました。

英語は変種し、米語となる

　ダーウインは、環境に最も適応した生物が自然淘汰で生き延びて子孫を作る、と言い、ラマルクは、キリンが高木の葉を食べようとして首を伸ばし、子孫がそれを繰り返すごとに首が伸び、その獲得した特徴が子孫へ伝えられる、と言い、木村資生先生は、進化は自然淘汰と言うより、変異への欲望と、偶然死の間の葛藤である、と言われましたが、どうも、どれも本当らしい。結果としては、ヴィールスは、環境に適応した変種が生き延び、新しい環境を求めてどんどんと感染して行きます。言葉も同じで、米語は英語から派生し、原種よりも環境に適応した変種になって、世界中へ広がって行くようです。

　ここで、ジョージ・バーナード－ショウの言葉を思い出しましょう。

「イギリス人とアメリカ人は、1つの共通の言葉で分離された、2つの偉大な国民である」

　英国民と米国民の嗜好の違いは、ケチャップの変遷が象徴するようです。「ハインツ」はケチャップを製造するアメリカの専門会社ですが、"Ketchup" は東南アジア起源の調味料で、中国人漁師が使っていた "ke-tsiap" という中国語から取ったものです。恐らくヴィエトナムの醤油と言われる「ニョクマム」に近い調味汁だったのでしょう。東南アジアでこのソースに出合ったイギリス人は本国に持ち帰り、最初に味わった味を再現しようとして、発酵アンショワや牡

蠣や香辛料や塩水を混ぜて作り、辛くて濃い調味汁でした。それが
イギリスからアメリカに渡り、アメリカ人は甘い物が好きで、塩辛
い味を徐々にトマトで置き換えていったのです。ハインツは保存を
よくするために、更に大量の砂糖を加えました。かくして元の辛い
ニオックマンは、今の甘いケチャップへと変質してしまいました。

　英米の共通の言葉である英語も、米国では今までの英語から分枝
し始めました。米語の単語が英語のそれからどんなに変わりつつあ
るか、それは先に述べましたが、もっと本質的に、米国民の考え方
が、英語を構造的に米語へ変えつつあるようです。

　まず、ある対象を単数とみなすか、複数とみなすかの感覚が、ア
メリカとイギリスで異なるようになりました。

　米国では、ある名詞が単数か複数かの問題は、形式（複数用のＳが
含まれるかどうか）により単純に決まり、逆に英国では実態により判
定されるようです。

「政府」という単語は米国では "The administration is ..." と単数
扱いですが、英国では政府は幾つかの省から成りますので、"The
government are ..." と複数扱いとなります。

　スポーツなどのチームでは、米国では単数形で "Yankee" と書く
か複数形で "Yankees" と書くかによって単純に扱い方が決まるよ
うですが、英国では "Yankees" は複数形であるにも拘らず、チーム
として活動するときは複数扱い、クラブとして考えるときは単数扱
いとなります。つまり、試合中なら９人の選手がいるので複数扱い
となり、株式市場では１つの単位だから単数扱いになる訳でしょう。

　一般に、量と純度はなかなか両立しません。量が多くなって広が
るものは、必ず分枝して純度が下がります。

　英単語 "like" には「好む」という意味の他に、「のように」とい

う意味があります。私が英語を習った頃には、「のように」と言う意味での "like" の後には、名詞や短文を付けるのはよいが、文を付けるのは避けるように教わりました。つまり "... like a rolling stone" は良いが、"... like it was a rolling stone" は良くない、その場合は "like" の代わりに "as" を使うように直されました。"like" は会話式に使うのはよいが、文体としては軽すぎるのでしょう。

アメリカはどうでしょう。アメリカは "like" の氾濫で、今までに用いられなかった形で使います。

"It is, **like**, 4 kilometers away"

では、正確に言うのを避けて、

「4 キロ**ぐらい**は離れている」

という意味であり、

"He was **like**, you can't do that, and she was **like**, yes you can"

では、繊細な情報を伝えるのに躊躇しながら、引用する形で、

「彼は、君にはそれは出来ない、**みたい**だったが、彼女は、いや君にはそれができる、**みたい**だった」

ぐらいの意味なのでしょう。

フランス人が英米語の感染で苦労しているように、英国人は米語の侵入で悩み、そのせいで真の英語の基礎がずれ、明瞭性がなくなると非難しています。アメリカに多いゲルマン人種がドイツ語表現法を英語へ導入し、英語の変異を助けているとも言えそう。米語ではドイツ語に倣って、沢山の合成語が作られます。例えば "break-through" はドイツ語の "Durchbruch" から来ました。また米語には直接的または抽象的な言葉が多くなり、使い易くはなっても、言葉の概念は不明瞭になる事でしょう。

英語と米語が分枝しつつあるので、報道界では既に80年代以前から、アメリカの"Associated Press"とイギリスの"Reuters"は、それぞれ米国民と英国民に報道する業界のため、両国民に折衷的な共通の語彙を提供する仕事をしていました。ですが、どうしても、国力の強い米国の表現法が英国を侵害し始めました。

　心にもなく、英国の将来は米国に依存するようになってしまいました。米国は大きな国で人口も多く、そこの文化が世界へ広まる軌道が作られています。

　例えば本を例にとりましょう。米国で英語作品が生まれると、米国出版社はアメリカとカナダでの販売権を独占し、別の独占販売権を英国の出版社へ売り付けます。英国出版社はそれを昔の植民地オーストラリア、ニュージーランド、南アフリカ、シンガポール、香港などへ販売します。米国と英国の出版社はこれらの広い市場で充分に稼いだあと、残りの世界市場で初めて自由競争の原理の下で競うことになります。かくして、日本や仏国は英国を介し、米国文化に合わせて踊ることになります。

　世界の諜報活動では、英語圏のイギリス、アメリカ、カナダ、オーストラリア、ニュージーランドは"Five Eyes"（５つの眼）と呼ばれる、特殊な協力関係を結んでいます。これは1941年に連合軍により結成され、戦後の世界政策を企画しようとしたもので、チャーチルの考えた英語圏による世界支配の構想に沿っています。しかし最近、スノードン氏により、

「"Five Eyes"は構成国の法を無視し、超国家諜報局として機能し、人権を無視し、市民の情報を集め、それを共有している」

　と暴露されました。英語圏でもない日本がそれに参加する企画があるそうですが、果たしてスノードン氏の暴露の後でも参加するつ

もりでしょうか。

　実際、日本の英語圏国への傾斜は異常な程で、NHK テレヴィの海外放送では、日本の代表時刻は東京のそれ、米国の代表時刻はニューヨークのそれ、と、そこ迄は良いのですが、欧州の代表時刻はロンドンのそれ、とされています。ですが、ロンドンは欧州大陸から離れた島、しかも人口５億人の欧州大陸の時刻からは１時間ずれているのです。これでは日本は、チャーチルの怪しからぬ、英語圏国による世界制覇に、英語圏でもないのに懸命に加担しようとしている、何とおかしな隷属根性か、と軽蔑されても仕方がありません。英語に対する劣等感がそうさせるのでしょうか？

　それでも、英米語間の分枝はとても早く、ちょうどラテン語が今のイタリア語やスペイン語やフランス語へ分枝して複数の欧州の主要言語になったように、間もなく幾つかの子言語に分かれてしまう事でしょう。

　ドイツ語やフランス語では、名詞や形容詞に男性形と女性形があり、ドイツ語の場合はその上に中性系があり、フランス語の場合は中性であるべき場合は男性形で代替していました。英語を学ぶ時に感じる恩恵は、名詞や形容詞に性別がないので、そんな束縛から心理的に大きく開放された事でした。

　ところが、アメリカでの女性解放運動から始まり、英語では男性型しか用いなかった表現を、中性化する運動が起こったのです。

　"chairman" は "chairperson" へ、"spokesman" は "spokesperson" へ。

　アメリカで進歩的なワシントン州では、2003 年の法律により、大学の初年生である "freshman" を "first year student" へ、警察の "policeman" を "police officer" へ、漁師の "fishermen" を "fishers"

へ変更しました。

　しかし空軍の "airmen" と海軍の "seamen" は軍隊の反対から、"manhole" は適切な代替語がないせいで、そのまま保存されたそうです（コリンヌ・レーヌ女史）。

　さて、下記の3例があります。

　"Each president chooses his own cabinet"

　"Each president chooses their own cabinet"

　"Each president chooses the cabinet"

　最初の例では "Each president" 女性でもあり得ますから、"his own" という表現は女性解放運動団体から反対されるでしょう。3番目の例での "the cabinet" は少し生ぬるい感じはしますが、〝性〟学的には問題ない筈です。2番めの例では、"Each" は単数で "their" は複数ですから、一見すれば非論理的に思えますが、"president" が「中性」である事を要求する現代的な要求には合うようです。しかも "they" "their" "them" は古英語では、一般に信じられているのと違い、単数の場合にも用いることができるそうです。

　例えば——

　"Someone /He left their umbrella"

　と書いて先生にバツを貰ったら、ぜひ抗議すべきでしょう。

　アメリカの大学界は更に過激で、

　"She goes to her school"

　"He goes to his school"

　の他に中性形を作って、

　"Ze goes to hir school"

　と表現し、複数形では、

　"E go to eir school"

186

と書くように提案しています。

　更に学生協会は、中性の人の為に、本人が自分の好みの代名詞を選ぶように、と進言しています。

　これ迄では he（彼）だけで代表させていた文も、今後は両性で述べなければなりません。hesh (he+she ?), hizzer (his+her ?), herm (him+her ?) などが提案されています。

　男性には "Mr." しかないのに、女性は独身か既婚かによって "Miss." と "Mrs." に分けるのは男尊女卑の象徴である、と問題にされ、男性の "Mr." に対応する "Ms." という言葉が作られ、広く受け入れられた例を考えますと、上記の新しい表記法もその内に一般化する可能性があります。

　上記の性称の点からも、世界化する米語は、本来の英語から更に分化して行く事でしょう。

英米語の方言

　アイルランド、インド、オーストラリアの英語やアメリカ南部の英語も、独特の自己性を持ち始めました。ブルギエール氏の予言に反し、1975年から50年経った今でも英語はまだ幾つかの方言に分かれたとは言えないようですが、2020年から1世紀後には米語が英語を完全に吸収してしまう可能性はありそうです。

　新しいユーロ英語も発生して来ました。

　ユーロ英語では、"control"（英語では「管理する」の意味）は "check"（点検する）の意味に使われます。フランス語の controller（点検する）の影響でしょう。

ユーロ英語の "assist"（英語では「助ける」の意味）は "attend /to be present"（出席する）の意味に使われます。つまりは、フランス語の assister の意味になります。

　"adequate"（英語では「ほぼ十分な」の意味）は、ユーロ英語では "appropriate /suitable"（適切な）の意味になります。

　質量を表す名詞は数えられないので、英語では単数が使われますが、ユーロ英語では数えられるものになり、"informations" "competences" "advices" "aids" のように、しばしば複数で表されます。これらも、フランス語の習慣に倣ったものです。

　"actor" "axis" "agent" などは、英語ではそれぞれ「俳優」「軸」「代理人」という狭い意味に使うのが普通ですが、欧州ではもっと広い意味に使います。例えば経済問題での "actor"（アクター）と言えば、重要な役を演じる要素のことを指します。

　欧州委員会委員の事務室の責任者は英語でも "chef de cabinet" と呼ばれます。ロンドンを旅行して、貨幣を変えようとしたら、貨幣変換所が "bureau de change" と呼ばれているのに気が付くでしょう。ちょうどそれと同じで、フランス語がそのまま英語になった例です。

　欧州公務員は "fonctionnaire" と呼ばれます。英語では公務員は "civil servant" でしょうが、ブラッセルではフランス語が英語になってしまいました。欧州本部がブラッセルという、フランス語とオランダ語の双語圏の町にあるせいで、庶民の話すフランス語が官庁にも入って来たからです。

　英語に "standard" と "normal" という、よく使う単語がありますが、フランス語にも全く同じ単語があります。ただし、フランス語での "standard" は、ほぼ "normal" を意味しますので、混乱が生じ

ます。

　欧州裁判所は、乳製品の入っていない製品にミルク、バター、クリームなどの言葉を使うのを禁じ、欧州議会の農業委員会は、肉の入っていない製品にバーガー、ソーセージ、エスカロープ、ステークなどの言葉を使うのを禁じます。この事は、将来に欧州で話すユーロ英語は、英米国で話す英米語とはかなり異なったものになる事を示唆しています。イギリスが欧州連合を離れた今後は、新しいユーロ英語はもっと増えて来るでしょう。

　それでも欧州連合の統計では、欧州連合の高校生が学ぶ言語は、英語が96.7％、フランス語が34.1％、ドイツ語が22.1％、スペイン語が12.2％だそうです。欧州連合が大きくなって、東ヨーロッパが新しい加盟国になったとき、彼等が第1外国語をロシア語やドイツ語から英語に切り替えたせいです。そこでイギリスは、英語の先生の需要を期待したのですが、その期待は大きく裏切られました。これらの国々はイギリス英語には目を向けず、殆どが米語の先生を採用したからです。私の国フランスでも、英語の先生は多くがアメリカ人です。

　米語が更に拡がり、人口の多い中国人やインド人やインドネシア人が米語を自分のものにした時には、米国人や英国人には東洋英語が分からなくなっても、東洋人には米国人や英国人の標準語が分かる、という情況になりそうです。

多言語話者の特典

　イギリスとは違って、欧州企業は典型的に、多言語での仕事に心

がけます。日本もそれに対抗するぐらい外国語（しかし英語だけ）に熱心ですが、英語の語学力はどうしても欧州には追いつきません。

スイスはいろんな点で、模範の国ですが、言葉に関してもその通りです。大きさは日本の九州チョットで、人口は半分チョットですが、世界的な会社や研究者は国際級です。ご存じのように国語はドイツ語、フランス語、イタリア語（それに少数民族のロマンシュ語）です。国会では各人が自分の母国語で話すという規則があり、他の議員はそれを理解し、質問をし、返答しなければなりません。従って、誰にも何を言っているのかもよく分からないグロービッシュを使う必要はない訳です。それに倣って、高等な科学会議でも、自動翻訳の書類を提出して、講演者は自分の言葉で話すことにしたらどうでしょうか。やってみるだけの事はありそうです。

言語心理学者によれば、言葉の習得は頭の良さとは関係ないそうで、ホットしますが、それでも英語はなるべく 17 歳よりずっと前に始めること、できればドップリ浸かった状態で 10 歳から 12 歳の間に、あるいは学校で学ぶ時は 8 歳か 9 歳で、従って、理想は 8 歳の前に習い始めること。

スイスの言語経済学者フランソワ・グラン氏の研究では、スイス全土的に見て、英語ができる人は少なくとも 10％のボーナスを得るそうです。しかしスイスには、国語が既に 3 つもあります。ドイツ語圏ではフランス語が話せる者は 10％だけ多い給与を得るし、フランス語圏でドイツ語を話せる者は 18％多い給与を得るそうです。従って英語を話すことは比較的に考えねばなりません。スイスでは多言語教育のために国内総生産の 10％近くが投下されていますが、その努力は何倍かになって返ってくるようです。

ベルギーではフランス語とオランダ語とドイツ語が国語ですが、

ベルギーの言語学者クロード・ピロン氏によると、1つの外国語を十分に読んで書けるようになるには、毎日10時間（日曜も含む）働いて4年、1万2,000時間の勉学が必要だそうです。学校では高卒までに1つの言葉を学ぶのに3,000時間（講義と宿題）、国家は実に大きな投資をしている訳です。そしてベルギーでは、中国語ができる者は給与が7％上がるそうです。

　スイス（フランスも）の教育費の10％は外国語の教育に費やすので、その投資は大きなものですが、しかし本当の問題は、中国語や日本語では、どの程度にそれができるのか、なのでしょう。

　スイスやベルギーは多くの国連機関や世界的な機関が集中しており、そこからの利益は沢山の言葉を話すこと以外に、小さな国である利点が大きいので、スイスやベルギーの状況を日本やフランスのような大きな国に当てはめられるかどうか。

　アメリカの研究者によると、インドでは同じ資格を持っている場合、英語ができる給与所得者は3分の1も余計に給与を貰えるそうです。インドには統一された国語がないので、それぞれの国語を持つ日本やフランスには応用できないはずです。しかも交流手段でしかない英語を話す人が国のエリートになり、国の富となってしまうのは由々しき問題で、これは〝途上国症候群〟でしょうか。

　しかし英語の特典はそんなに長く続くものではなく、推定によると、英語はあと35年かそこら経つとすっかり一般化し、そんな付加価値も長くは続かないと思われています。皆が英語をある程度習得した段階になると、特別の技術ではなくなるのは当然。

　余談ですが、世界一の私立言語学校であるビアリッツによれば、英国では1982年には、日本語を学んだ学生の給料は、そうでない学生に比べて2.6％よかったのですが、1987年にはそれが6％に増

えたそうです。この時期は、ロンドンのシテイでは日本語を二言か三言話せれば貰い過ぎの仕事が見つかった時代でしたが、本当の能力かは疑わしいものです。

英語が東洋化するとき

　私の同邦人のジャン－ピエール・ネリエール氏は IBM の社員で、1990 年代に日本に駐在し、東洋と西洋を往復する間に面白い発見をしました。日本人と韓国人が英語で会話するとき、彼等が英国人や米国人に対するときより会話がずっと円滑に進行していることに気が付いたのです。そしてネリエール氏は、英語を母国語としない人々と仕事の交渉や会話をするには 1,500 語の英語しか必要でない、と結論するに到りました。そしてその簡易英語を「グロービッシュ」と名付けました。

　東洋人の情況は、ヨーロッパという言葉のゲットーに住む若者達の情況に似ています。彼等は多くの物を共有し、同じような束縛と欲求不満を経験しており、彼らの考えを正確で深慮した言葉で表現する必要がなくなったのです。しかも東洋人は、英国人や米国人の使う会話体が苦手なので、英語で働かねばならないときでも英米人以外の外国人と働くことを望むでしょう。

　そのような傾向を和らげるために、イギリスの学校では、外国人用に「オフショア・イングリッシュ」を教える学校をはじめとして、大繁盛だそうです。グロービッシュに似て、単語を 1,500 語ぐらいに限り、ゲルマン系の動詞の使用を避けて、フランス・ラテン系の動詞を使う。例えば「放棄する」ことを表すのに "give up" なる表

現を避けて "abandon" と言い、「得る」と言うときには "get" の代わりに "obtain" を使うのです。

　しかし、英語による表現力が貧弱になってくることは避けられません。アーヴィン・ラズロ氏はハンガリア生まれの米国市民ですが、彼のように哲学をやり、人間の未来を予測し、繊細な感情を表現するには、2万ぐらいの語彙が必要だそうです。ただ私は、彼の哲学は英語ではなく、母国語のハンガリア語で構想されたに違いない、と信じています。

　既に中国人と日本人が交渉で使う英語は、イギリス人やアメリカ人には判り難いほどになりました。アンクル（叔父）という言葉を知らないときは「父の兄弟」と説明し、メイヤー（市長）という言葉が思い浮かばなければ「町のボス」と言えばよい。そうすると、必要な英単語は基本的には 1,000 語と少ししかなく、暗記すべき漢字の数の半分に過ぎません。

　中国人文学者と日本人文学者と韓国人文学者が集まって会議するとします。中国人は日本語に堪能、日本人は韓国語に堪能、韓国人は中国語に堪能ですが、3人とも英語は30％しか理解できません。しかし、誰も会議からのけものにされないためには、皆が不得手な東洋英語を使ってやらざるを得ません。フランス語域とオランダ語域の対立で苦しむベルギーのある教授は、このような場合に英語を使うことは最小排除の原理を適用することだ、と述べています。英語を用いることにより、討論から排除される人は最小になるからです。しかし、3人中の誰も、その英語を使って哲学を討論することができないのは明瞭です。

ヤマト英語、ジャパニッシュ

　アメリカの外国サーヴィス研究院は、英語国の国民が外国語を学ぶ際に、外国語の難しさによって4部に分けました。

　1部は最も簡単に習得できる外国語で、その中にはデンマーク語、フランス語、イタリア語、スペイン語、スエーデン語があります。これらは、基本的な会話水準で話せるまでには、600時間から750時間学べばよい、または毎日1時間やって2年やれば充分だ、とされます。

　2部にはドイツ語、インドネシア語、マレージア語などがあり、1部と同じ水準になるには、900時間が必要だそうです。

　3部はチェコ語、ポーランド語、ヘブライ語などです。

　4部が最も難しい言葉であり、英語名のアルファベット順に、アラブ語、中国語、日本語、韓国語、と挙げられています。

　日本は英語に大きな投資をし、とても熱心ですが、なかなか成果が上がりません。ジ・エコノミスト誌は日本を、下手に学ぶより何も学ばない方がよい例として、次の例を挙げています。それは本田の通風システムの説明文です。

"This system will clean any displeasure out and increase the comfortableness in head, upon room heating or cloudiness removing by means of blowing the cold wind out through inter-panel outlet"

　これは恐らく日本の知識人が、頭の中の知識を駆使し、日本人の思いを英語で表したものでしょう。

　外国人は、禅の素養がなければ、見慣れない表現に戸惑うかも知れません。ですが、英語を学んだ日本人なら、詩の心を使い、

「この装置は、室内を暖房または湿気を除去する際に、側壁間の出口を通して冷気を排気する手段により、不快さを取り除き、頭脳の回転をよくするものです」

くらいに、その機能を楽に理解できるでしょう。問題は、英文説明は日本人にではなく、外国人に向けられている事だけです。

しかし、もっと面白い例があります。出典は不明ですが、www.engrish.com と題して、日本で使われているヤマト英語を、証拠として写真を撮って示しています。

まず、新幹線の駅での写真のようですが、大きな電光掲示に日本語と表象文字と一緒に、

「化粧室は後方へ」

そして英語で、

"For Restrooms, go back toward your behind !"

便所の中の水洗用の押しボタンの上部に、掲示で、

「使用後は必ずこの釦を押して下さい」

とあり、次に英語で、

"You lady will push this button before leaving !"

ある駅で、

「恐れ入りますが、お隣の窓口をご利用下さい」

とあり、その下に英語で、

"You are available at next ticket office, Thank you !"

手洗いの入口の上の掲示に、

「お客様にお願い、トイレ内への未会計商品のお持ち込みはご遠慮下さい」

とあり、下に英語で、

"May I ask for guest, Please reftain no check good !"

米語の内爆

　英語を世界に広めた張本人のアメリカが、内部からのスペイン語の発展で、英語（又は米語）の権威を失いつつあります。

　アメリカでは、憲法は英語を国語として保証せず、その代わりに市民の表現の自由の権利を謳っています。愛国心と建国精神さえあれば、英語を国語として指定する必要などあるまい、と考えられたせいでしょう。その後、国会では何度も、英語を国語と指定する案が出されましたが、時期を失したようで、その案は市民の自由と人種偏見反対を謳う運動のせいで成功しませんでした。そこで州単位で、英語を国語と制定する傾向が出てきました。それは弱さの表現でもあります。既に５人に１人のアメリカ人は、家庭では英語以外の言葉を話しており、しかもその人口はここ 20 年の内に２倍に跳ね上がるそうです。

　もともと米国は英国から独立した国ですから、独立当時のイギリスを嫌う愛国者達が、国語を英語以外の言葉にしようと目論んだ時期があったとしても不思議ではありません。３つの候補が考えられ、１つはヘブライ語、２つはフランス語、３つはギリシャ語でした。その理由は、ヘブライ語は神様の言葉であり、フランス語はその合理性のため、ギリシャ語は民主主義の言葉だったからです。先に述べたように、米国が英語を独占し、英国にはギリシャ語を話させようという迷案もありました。

　時代は変わりました。しかし移民の波は防げません。国勢調査局によれば、ニューヨークの住民で、家に帰っても英語しか話さない

住民は、人口の半分に過ぎないそうです。

　1968年には連邦バイリンガル教育法令が発令し、米国全国で70の異なる言葉と英語での2カ国語での教育が始まりましたが、先生を集めるだけでも大変です。お金がかかります。先生は言葉と専門科目を知っている人を見つけねばならない。それでも、1974年のこと、サン・フランシスコの1,800人の中国系の生徒が英語だけでなされる授業を強いられたとき、最高裁は全員一致で、等しく教育を受けるという権利は言葉の障害で削減されてはならない、と判決しました。日本もフランスも学ぶべきですね。

　多くの学校では、母国語での教育と共に英語を第2の国語として教え始め、英語の水準が上がると普通の英語の学級へ入れる、という方法を取りました。典型的な方法は、1時間の科学を英語で教え、翌日に同じ科学をスペイン語で1時間教えるという方法。しかし同時に両方の言葉で教えることはしません。どうせ母国語でも説明してくれると思ったら、誰も英語を学ぶ努力をしないでしょうから。イリノイ州の例ではそのような2カ国語での教育を受けた日本人生徒は1万人いました。

　そして今度はスペイン語系の移民です。1980年代の末には米国の13の州が英語を唯一の官用語とする、という法律を作り、他の20前後の州もそれを考慮していました。

　米国フロリダ州のマイアミもそうで、1980年に「英語のみ」政策を採用しました。しかしその後に大量のキューバ人が移住し、90年代の初めに大マイアミ評議会は、英語を唯一の官用語とする法律を廃止。この地方は過半数がヒスパニック（南米やカリブ海からの移民で、スペイン語を話す人達）となり、評議会の役員も、ヒスパニック6名、黒人4名、いわゆる白人は3名だけだったそうです。アメリ

カの有力新聞もおおむねそれに賛成で、その理由は、英語のみに限ることは恐らく表現の自由を謳う米国憲法に違反するだろう、または、英語は大多数の言葉として潜在するので、特別の保護を要しない、など。

アメリカではスペイン語を母国語とする人が3,500万人、つまり米人口のほぼ13%となり、しかも10年ごとに倍増するそうです。学校では英語とスペイン語の2カ国語の教育が広まりました。米語は徐々にスペイン訛りを帯びてくる訳です。そうすると、米語の学習に全力上げる日本も、スペイン訛りを付けざるを得ないでしょう。

しかしキューバからの移民も、戦時中のロシアからのユダヤ系移民も、その2世達は中学校や高校に通い、社会階層を上がるには英語を学ばなければなりません。大学では英語だけが唯一の言葉です。だから、米国英語がスペインのアクセントを持つようにはなっても、英語の立場は弱まらないのかもしれません。ただ分枝するだけです。

ヒスパニックとはメキシコや中南米やプエルトリコやキューバからの子孫です。ヒスパニックは書類の上では白人ですが、色んな点（学校やレストランや墓地）で別個の取り扱いを受けています。

「ヒスパニック」は、その響きがスペイン征服者の名を思い出させるので、多くの人間が反対し、むしろラテイノという呼び方を好むようです。アメリカではスペイン語を話すヒスパニックの人口は、1953年には300万人、1970年には900万人でしたが、2015年には先に述べた3,500万人を超し、5,700万人にもなり、これはアメリカ人の6人に1人に当たります。しかも若い人口なので、更に増えつつある。今世紀の半ばにはアメリカの人口は4億近くになると予想されますが、その内でヒスパニックは1億600万人を占めると計算され、彼らは既に独自の放送・放映網を持っている事も指摘し

なければなりません。

　彼らの特徴は、今でも故国（南米）やそこの親戚との関係を保っていることです。それは昔欧州から来た移住者が故国との関係を断っているのとの大きな違いです。

　一時はカリフォルニア州やニュー・メキシコ州ではスペイン語が英語を追い越すのではないか、と考えられましたが、実際にはアメリカで生まれるヒスパニックが増えるにつれて、家でスペイン語を話すヒスパニックは減ってきて、スペイン語も昔のドイツ語やポーランド語やイタリア語と同じように消えて行く傾向が現れました。そして今では２カ国語を学ぶ利点（文化的、知覚的、進学上、実社会的）が叫ばれ、むしろ２言語教育が推奨されるようになりました。

　しかしアメリカの３つの州（テキサス、ジョージア、ケンタッキー）では、外国語の学習の代わりに電算機の規則を教える計画をしたそうです。歴史的には、この３つが米国で奴隷制度を実践した州である、という事実と一致するのは興味深い点です。

　アメリカでは外国生まれの住民の人口は、年に５％から15％近くの間で増えていますが、外国語を話せる人口は増えず、2019年現在では全人口のたったの25％しか外国語を話せないそうです。日本よりはよいのかも知れませんが、日本人は話せなくても、外国語の漢字やアルファベットを書き、読む事もできますからね。

　問題なのは、既に1987年、アメリカの外交官の内のたった３分の１弱しか、自分の担当の国の国語を知らなかった。特にロシア、中国、アラブ、そして日本は難しい言語の国です。しかも言語を知る事が外交問題の解決で役立つと考えられる、そのような国の言葉が話せないのが問題にされています。

　アメリカの家庭で英語を話さない人は、スペイン系ばかりではあ

りません。中国語、フランス語、ドイツ語、ヴィエトナム語、タガログ語、韓国語を話す人を入れると、前記したように、6人に1人か、更には5人に1人のアメリカ人は、家庭では英語を話していないことになるそうです。

　しかし、そのような情況では国のまとまりがつきません。既に1983年、英語をアメリカの国語にしようという運動が始まりました。その発起人は、日系のハヤカワというカリフォルニア上院議員でした。しかしこの運動は少し遅すぎた感があります。既に1986年の調査で、8人に1人のアメリカ人は英語を読めないことが分かったからです。

　既に述べましたように、アメリカの最高裁判所は、西部の9の州で、会社が雇用人に仕事場では英語（スペイン語を話す従業員が多い）しか使わないように課するのを許しました。

　しかし一方では、1965年の法が人種の平等を謳って以来、アフロ－アメリカ人はまた別の英語を話し始めたのです。黒檀語(Ebony語)とかアフリカ－アメリカ地方英語と呼ばれます。エボニー・マガジンという雑誌まで発行しています。その英語は普通の英語に比べて語彙が違うばかりか、構造、動詞の時制まで違うようです。BE動詞を削除し、所有格を示すコンマとSを削除し、疑問文でも主語と動詞の順序を変えません。古典的な英語しか学ばなかった私は、涼しいことを意味する「クール」がなぜ「かっこいい」ことを示し、腰を意味する「ヒップ」がなぜ「バンザイ」を意味するのか、しばらくは分かりませんでしたが、それはこの新しい英語に由来するそうです。

　時と共に、あらゆる言語は貧しくなるか、豊かになるでしょう。ユーチューブやライヴ・ゲームで話している英語を聞くと、英米語国

の人間は自分の国語というより、外国語みたいに感じるそうです。

　米語は元の英語とは異なる言葉になり、テキサスの住人はワシントン州の住民がよく理解できなくなりました。それは東京と福岡の間でのような抑揚や方言の問題ではなく、人種の混ざりや言葉の混ざりで、中南米からの移民のせいでスペイン語やポルトガル語の表現が増えたからです。米国の南部では、スペイン語とポルトガル語しか話さない私設放送局が幾つもできているそうです。今は人が移動し易くなり、旅行や観光ばかりか、戦争のせいもあり、貧困のせいもあり、世界的な人口の掻き混ぜが起こり、人口や生活態様や宗教や新技術や文化程度や言葉などの混合があり、何世紀か後には現在の言葉の変種により、共同体ごとにチンプンカンプンで、訳の分からない言葉を話す宇宙になっているかも知れません。幸いにして、私たちはその時にはもういませんが。

英語離れの時代を待ちながら

　消えてなくなりそうな言葉を救うには、使う人が２カ国以上の言葉を話すようになり、仕事・公用と家族・友人の間で使い分けるようにするしかない、と言われます。これは少数民族の言葉に関して観察された原理ですが、ひょっとすると英語と英語の方言の間にも当て嵌まるのかもしれません。但し英語の場合は消えてなくなるというより、希釈されてしまって原則が見えなくなるのです。

　今の英語は庶民の言葉から貴族的な英語へ格上げされた後、アメリカへ渡って民主化され、それから地球化されてオーストラリア、南アフリカ、カナダ、ニュージーランドなどへの移民英語、インド、ア

イルランド、シンガポール、カリブ海などの植民地英語へ分化されたものです。世界中であらゆる人があまり定義のはっきりしない英語をモグモグと話しながら、新しい言葉を作っていきます。そのせいで、今の英語は種々の地域英語へ分散され、その内に英語と米語に代わり、中国英語やインド英語に分枝することでしょう。ちょうどラテン語が西暦 500 年頃にスペイン語やイタリア語やポルトガル語やフランス語へ別れたように。

　皮肉なことに、現在のイギリス人の話す英語は普通の英語ではない、とみなす人が多くなって来ました。テレヴィでも地域によっては、イギリスの BBC はあまり売れず、アメリカの CNN が世界に君臨しています。あるイギリス人は、自分はしばしば、褒めるに足る英語を話すハンガリア人かチョコ人とみなされた、と皮肉っていました。

　2005 年のユネスコ調査では、世界で話される主要語の内、フランス語は 8 番目、日本語は 10 番目に過ぎませんが、フランス語は本国よりも外国で話される割合が圧倒的に多く、逆に日本語は国外で話される割合が皆無に近いという、両極端な例です。

　同じ調査によると 2050 年には、15 歳から 24 歳の若者が自国語として話す言葉は、中国語、ヒンデイー語、アラブ語の順で、その後に英語とスペイン語が僅差で続きます。その後にはブラジルのポルトガル語が来ますので、スペイン語とポルトガル語の近似性を考えると、英語よりスペイン語を学ぶ方が交流し易くなりそうです。それでも日本語は、若者が話す 9 番目の言葉として残ります。

　20 世紀の終わりには、2000 年になると世界人口の 4 分の 1、即ち 15 億人が英語を話すと予想されていましたが、2005 年の調査では実際にはその 3 分の 1 に満たない数です。しかし既に 20 世紀の

終わりに、英語に流暢なアジア人の人口が米英のそれを追い越しました。ただ、アジア人の英語は、英国人や米国人の英語とはかなり異なるようで、最近オーストラリアで、アジア英語の事典が編纂されたほどです。

あるいはお感じになったか、英語を話すことが国の誇りとなり、社会的成功の象徴となり、国の興亡に関わると考えている国ほど、彼等の話す英語は判りにくい。シンガポールやインドがそのよい例です。これらの国では、英語がうまいということは早く話すことと比例するようで、例えばシンガポール航空に乗って、聞き返さないで英語が判った験しがありません。相手は自分の英語が理解されたかどうかはどうでもよい。エリートは英語を理解するはずで、理解できない者はエリートでなく、エリートでない者には興味がない、そんな感じです。自分等の抑揚ない声帯の早口英語が原因だとは思いもしないようです。これはシングリッシュと呼ばれています。

歴史家フェルナン・ブローデルによれば、古代メソポタミアで農耕地帯の住民達が女神崇拝から男神崇拝に変ったのは、社会制度の改革のせいではなく、単に耕作用の鋤が発明されたからでした。そんな歴史によれば、将来に英語に取り代わるのは別の言葉ではなく、計算機による自動翻訳手段でしょう。ヨーロッパでは欧州連合のおかげで、今では英独仏語の間での自動翻訳の技術はずっと進歩してきました。言葉の歴史の長さを考えれば、この技術は本当に短期間の内に随分と進歩し、更に進歩するでしょう。

日本のドコモという会社は携帯電話で話すときに日本語と英語、中国語、韓国語を自動的に翻訳する、つまりある人が日本語で話すとそれをドコモ社の電算機が聞き分けて計数化して数秒中に男か女の声に変えて送り返すそうですね。翻訳用の眼鏡をかけて原文を読

む、という方法もあるそうです。

　ただ注意を要するのは、機械翻訳の質です。1997年時の事ですが、有名なロシアの格言 "The spirit is willing but the flesh is weak"（精神は意欲的だが、肉体は弱っている）は "The vodka is good but the meat is rotten"（ウオッカはおいしいが、肉は腐っている）と訳されたそうですから。

　欧州連合は、文の構成が簡単で明瞭なエスペラント語を仲介にして、他の言葉へ機械翻訳する体系も研究しています。あるいは、次の新しい発明は、口の動きから意味を読み取る通訳技術かもしれません。そのような技術の発展を考えると、英語の習得に多くの時間を費やすより、自分の母国語を完全に学ぶことが、更に重要になる時代はそう遠くないはずです。

　別の脅威は、インターネットやスマートフォンによる文章の通信の発達で、英語が極端に簡略化されつつあること。イギリス人のギル氏によると、既に1919年、フランス画家のマルセル・デュシャンはモナリザの絵ハガキに "LHOOQ" と書いて送った。最初の "L" は仏語のアルファベット読みでは「エル」、発音的には "Elle"（彼女は）にも該当。同じく "HO" は仏語のアルファベット読みでは「アッシュ・オー」、これは「……が熱い」と言うときの発音にも該当。同様に "OQ" の発音は「オー・キュ」、つまり「尻が」。全体の意味は、

「この女は尻が熱い」

　つまりは、

「この女は盛りがついている」

　そんな意味を簡潔に "LHOOQ" で表現したのです。こんな記号表現では、字を読める人も、読めない人も区別できなくなり、文章でものを考える力も、感情を表明する力をも失ってしまう恐れがあり

そうです。読解力や文法なんて問題ではなくなり、思考力を殺すかもしれません。もしインターネットの社会網を使ったベラベラしゃべりで明け暮れれば、物を深く考える時間は更に殺されてしまうでしょう。

　植民地の現地人が、宗主であった欧州人の言葉を借り、殆どその言葉だけから即席で作った方言を「ピッジン」と言いますが、そのピッジンから更に「クレオール」と言う言葉ができ、それが最も新しい言葉だと言われます。アフリカの主要国であるナイジェリアの英語は、英語の方言みたいなもので、今の処はピッジンと言えますが、この国の人口の急速な増加を思うと、将来は世界の主な言語になると思われます。

最初のグロービッシュはアフリカ語だった

　スイス人のトーマス・ロエーム氏は旧約聖書の専門家です。旧約聖書を理解するにはヘブライ語、アラム語（キリストの言葉）、ギリシャ語、ラテン語に通じ、更に欧州の主要語が理解できる方がよいそうです。聖書のモーゼ5書の中には、言葉の起源について2つの記述があり、1つはノアの洪水のあと、ノアの3人の息子が別々に生活を始め、言葉も徐々に違ってきた、という記述、2つ目は、あるはっきりしない時代に、バベルの塔の寓話が発展した、という記述。

　バベルの塔に関しては、必ずしもたくさんの言葉ができた事を残念がって書かれているのではなく、ジッグラト（バビロニアの、巡階段ピラミッド型の神殿）——この、亡命したユダヤがメソポタミアの帝国主義の表現だとみなしていた極度に高い寺院——を非難したもの

です。それは、バビロニアとその神々から課された言葉からの解放を意図し、国語の多様性がよいとし、そこから、多言語主義を称賛するものと理解されています。でも勿論、キリスト教でなければ、誰もこんな教えを信じる義務はありません。

　人間は同族や仲間同士の結婚が多くなれば、それだけ退廃します。そうすると、多様性は生命保険みたいなものかも知れません。言葉もそのように思います。

　言葉の種類と鳥の数は、緯度が低くなり、森や山の面積が大きくなるほど多くなり、言葉の存続が危ない国ほど野鳥も消滅してしまうそうです。[(3)]

　言語学者ウイルヘルム・フォン・フンボルトは、既に 19 世紀に次のように言いました。

「言葉は物事に対する我々の見方を形成するのに貢献する。言葉が複数あることは、世界の見方が複数あることに相当する」

　現代の、マサチューセッツ工科大学のケネス・ヘイル教授によると、

「ある文化の大部分は言葉の中に暗号として含まれているので、ある言葉が無くなると、文化の大部分も消えることになる。ある言語を失うことは、文化や知的で豊かな芸術作品を失うことになり、博物館へ爆弾を落とすようなもの」

　ある調査では、現在世界には 6,000 から 7,000 の言葉がありますが、22 世紀までには半数が消えてなくなると言っています。それに対し、国連の調査によれば、世界には 7,400 の話し言葉があり、その内の 2,000 近くの言葉の話し手は 1 万人以下です。そして、今世紀中にその 30％が消えてなくなりそうです。それと共に、生物環境や文化の多様性も消えて行く訳です。しかも、植物に関する沢山の

知識、例えば医薬用植物に関する歴史的な知識は、土着民の言葉と関係しており、これも失われてしまいます。

　マンシュー（満州）語は250年続いた清朝の言葉ですが、清朝が1911年に倒れた後、その言葉を話す人はほとんどいなくなりました。ハーヴァードのエリオット教授によると、マンシュー語は日本の清歴史家の訓練手段でした。そのような言葉さえ、たった100年の内に消えてなくなる運命になるとは、日本語への黄色信号と言えます。

　私にとって最も強烈な警告は、レヴィ・ストロース氏の次の単純な言葉です。

「人間の世界は少しずつ単一の文化に馴染み、大量文明を作る準備をする。栽培は米だけに限ろうとするみたいに」

　もし栽培が湿地帯の米だけに限られたら、乾燥地帯の価値は忘れられ、小麦やソバ麦やクスクス麦は市場に見つからず、朝食からパン食が消え、夏のザルソバの繊細さは味わえなくなってしまうでしょう。

　ここで、ある言語が独立した1つの「言葉」であるか、または他の言葉の「方言」に過ぎないか、は区別されねばなりません。日本には東北弁とか筑後弁とか、方言は沢山ありますが、言葉としては日本語と名乗る1つの言葉に属するのでしょう。ある専門家によると、2つの言葉が独立した言葉か又は他方の方言に過ぎないかを見極めるには、600語の基本語を翻訳してみます。そして85％以上の基本語が共通の場合は、一方は他方の方言に過ぎない、と判定されます。

　ホモ・サピエンスが他の動物より成功したのは、頭の良さと、器用さと、協力性と、それから言葉を使う才能だと言われます。人間

の言葉の才能は、単純化して言えば「FOXP2」という遺伝子に影響されます。これが変質するとうまく話すことができなくなる。この遺伝子は715個のアミノ酸から成る蛋白質を作りますが、人間は二十日鼠からたった3個、チンパンジーやゴリラからはたった2個のアミノ酸が異なるだけです。生物の進化の歴史は1億5,000万年ですが、猿が二十日鼠との共通先祖から分かれたのが7,500万年前、人間が猿との共通の先祖から分かれたのが700万年前ですから、この700万年の間に2回の変異が起こり、そのお陰で人間は約12万年前かその後に会話ができるようになったと想像され、今の人間が⁽⁴⁾アフリカから世界征服に出掛けた6万年前には、既に世界の共通語を話していた、と考えられます。世界で最も人種の数が多いのはアフリカであり、人間の遺伝子の多様性は地理的にアフリカから離れるに従い減って行くので、人口遺伝学の観点からは、世界の人間の源はアフリカだと結論できるそうです。言葉に関しても、各言語に共通の音素の数を比べると、アフリカから離れるに従って減って行くことから、アフリカ人は既にお互いに会話しながら世界中に移住していった、と考えられます。⁽⁵⁾またそう解釈しないと、世界中のあらゆる言葉の間で、同じ単語が幾つかの関係のない意味を持ち、また、同じ対象が幾つかの異なる単語で表現できるという事実が説明しにくいのです。もちろん移植途中で、先にヨーロッパに住んでいたネアンデルタール人や中央アジアに住んでいたホモ・エレクタスのデニソヴァ人の言葉を吸収したことも考えられます。

　ただ、言葉の発生を遺伝子だけから説明するのは単純すぎるという批判も大きい。もっと人体の進化の観点からの説明も必要でしょう。例えば鼻腔が狭くなると、言葉を区切って話せるようになるそうです。それが本当なら、西欧人は日本人より狭い鼻腔を持ってい

そうなので、区切って話すのも日本人よりうまいことになるでしょう。ところが私には、日本語に母音が多いせいと、日本人の躊躇しながら話す習慣のせいで、日本人の方が区切って話すようにも思えます。

今世紀の若者達が携帯電話を使い、テキスト・メッセージを書いて送る速さを見ていると、新しい道具を得た新しい人種が生まれた印象を受けます。まるで人類の縮図を見るようです。ホモ・ハビリスがエチオピアで発生し、ある道具を使って変化してホモ・エレクタスに進化し、ホモ・エレクタスは別の道具を得てホモ・サピエンスになりました。結局は新しい道具を所有する者が生き延びるのでしょうか。

世界が英語へ突進を始めた！

歴史を見ると、アレキサンドリアのギリシャ語から始まり、ローマ帝国の言葉、それから教会が広めたラテン語へと続き、ニュートンがラテン語で書いたのはよく知られていますが、より最近、19世紀ドイツのガウスまでラテン語で発表しました（ロジェ・カン氏）。

フランス人は英語に対してブツブツ言っていますが、そんなラテン語の伝統を破ったのはフランス人自身でした。フランス語の勢力は18世紀まで続きましたが、今度は英語が仏語に取って代わったのです。科学の分野では情報の網が必要で、一般民衆や詩や劇や文学と違って、いつも1つの共通の言葉が必要だった、と言えます。問題は現代では、その英語がアメリカの経済力を反映して、アメリカの〝イエイ−イエイ文化〟をよその国の民衆にまで浸透させるので、

心ある人達を苛立たせるのでしょう。

　アメリカのフィラデルフィアにある科学情報機関は、ある研究者の研究の価値を、その研究が他の研究者によって何回引用されるか、その回数の多さで測る体系を発明しました。良い研究であれば他の研究者から引用される回数も多いはず、という根拠の基に。ただ、現代は読まなければならない文献が多すぎ、研究者はそれをこなすのに慣れた英語の文献だけを選び、フランス語やドイツ語や日本語の文献は素晴らしい研究であっても読む時間がない、そうすると英語以外の発表者を引用しなくなり、その人の科学的な知名度も落ち、極端にはノーベル賞も遠のく、という具合。更には、引用数を増やすために、知り合いの研究者同士で引用し合って引用数を上げる、という弊害も生じています。この情報と宣伝の時代では、英語で発表し、友人をたくさん作るのが一番です。

　因みに、2015年のカンヌ映画祭では、全映画のほぼ半数が英語で、しかもその内の3分の2は非英語国からの監督でした。もちろん、市場や資金や俳優が英語を要求する場合が多いと思いますが。その内の1人であるイタリアの監督は、イタリア語でやって翻訳され、再解釈されるのが嫌だったそうです。しかし、カンヌ映画祭で英語の作品で最高賞を得るより、アメリカのオスカーやサンデンス映画祭で外国語部門での最高賞を得るほうが、後で多くの脚本の提案を受け取るそうです。

　フランスの大学では、学生の13％が外国人学生で、ほとんどが仏語圏の昔の植民地（マグレブと中央アフリカ）からの学生、他の国籍の学生は英語国のアメリカ、イギリス、オーストラリアに持って行かれ、しかも最近、ドイツに追い越されました。ドイツが大学教育の一部に英語を採用したからです。

世界の英語化の波のせいで、世界の若者たちを惹きつけ、これらの英語国に対抗するには、英語で講座を作り、新興勢力の中国、インド、ブラジル、インドネシアからの留学生を惹きつけなければなりません。

フランスは終に 2013 年、法律に例外規定を付け加えました。

「外国や国際協定の実施、または欧州計画の枠内では、英語での講座を作ってよい」

フランスの高等教育（大学と大学校）で、外国語つまり英語で教育することを可能にする法律です。お陰で普通の「大学」（原則として入試がない）の授業では約 1 ％に当たる科目を外国語でやってよいことになりました。「大学校」は入試があるせいで、フランスではエリート校とみなされていますが、そこでは、その割合が 4 分の 1 から 3 分の 1 になります。

大学校の 1 つである商業学校は、既にかなりアングロ-サクソン的で、結構高い授業料を課して、英語での教育を始めました。フランスは一般に数学に強く、経済には数学が必要なので、フランスの商業学校は世界的に有名になりました。しかしフランスでは、外国人学生には、学位を得るまでにフランス語を習得しなければならない、という条件が付けられます。

今ではフランスにはそのような英語教育をやれる大学校や大学が 1,300 もあります。しかしオランダに比べれば、下の下です。オランダはフランスのような、英語の使用に対する奢りの問題がないので、ブレギジットを境に、そんな英語教育の機関が 20 万もできました。

さて、2018 年、フランスの大学校と大学は約 32 万人の外国人学生を受け入れています。これは、欧州連合内での留学制度「エラス

ムス」による欧州内での留学生は含みません。世界では英語圏のアメリカ、イギリス、オーストラリアが上位を占めていますが、フランスは今では4位に上がり、3位のオーストラリアを追い越すのに懸命です。

　今のところフランスに次ぐのはロシアで、次はドイツです。ドイツはロシアに比べ、英語に慣れているので、その内にロシアを追い越す勢い。その後には驚いた事に、アラブ首長国、サウジ・アラビア、トルコ、中国が続いており、更にイランや、アフリカの小国ガーナが続きます。ガーナはイギリスの植民地だったので、英語を話すからです。

　2018年現在、イギリスには136の大学と、これらの大学の海外分校が39あります。合計すれば190万人のイギリス人学生と、110万人の外国人学生になり、外国人学生が本国の学生数に追いつく勢い。

　大学教育はフランスでは原則として無料なのに、イギリスではこれがとても高く、それを国の主な商売にしています。普通は1年の学費として1万2,000米ドルかそこらは取られ、しかもイギリスでは、生活費も高い！

　海外分校では学費はその半額ぐらい、生活費はもっと安く収められますので、その差を利用して、イギリスから学生客を横取りできます。マレージアの海外分校には、マレージアばかりか、ずっと遠い回教国からも留学生がやって来ます。

　注目されるのはインド。インドは英語を使うことに躊躇がなく、近い将来にはオーストラリアとイギリスを追い越し、アメリカに次ぐ世界第2の受け入れ国になるのが目的です。

　昔は学問をするために言葉を選びましたが、近時には子供が良い

学校や良い学級に入れるために言葉を選び、今では将来の稼ぎが多くなるように言葉を選ぶようです。多くの人にとって国際英語を学ぶのは、必ずしもそれを愛するからではなく、それが齎すと思われる利益のせいに過ぎません。

　その良い例はスイスです。既に国語としてドイツ語とフランス語とイタリア語とラテン語に近いロマンシュ語という４つの言葉が国語だという特殊な事情があり、またゲルマン系の姓の人でも、名前はフランス系の名前を付ける事が多く、例えば「ミヒャエル」の代わりに「ミッシェル」と付ける。そればかりか、「ダンケ・シェーン」という代わりに「メルシー」というお国柄です。そのせいで、マリリン・ボマール女史によると、スイスには言語の経済学という専門が存在します。

　さて、英語圏の国では大学教育もお金を儲ける手段のようですが、フランスはむしろ旧植民地への負債として、名誉の為にやっているような感じです。少なくともフランスの大学は、大学校とは違って、学費は殆ど無料だからです。

　私の知る日本女性は日本では英文科を終えたのですが、科学をやってみたくなりました。しかし日本では新たに受験勉強をするのが厄介に思え、原則として無試験で入れる海外留学を考え、どこの国が安いかを比較しました。英語圏の国に比べて、フランスの大学では費用がほとんど無料なのです。それで、大学の第２外国語でやったフランス語の本を再び取り出し、フランスの大学の理学部に無試験で入学し、日本から注文を受ける英語への翻訳で稼ぎながら、無事に４年の学士と２年の修士を卒業しました。何という根性でしょう！

　ところで、フランスの先生が英語で授業をするということには、

自分の言葉でない英語、つまりグロービッシュを使う、という無理が付きまといます。一番の問題は、外国からの変化トリドリのエリートを深味のないグロービッシュで教育し、変化のないエリートへ変えてしまう恐れ。しかもグロービッシュは、一定の心理状態を形成して異なる観点から考える能力、それを制限してしまうようです。

最近の例では、ヴィエトナムのホーチンミン市のフランス系大学で、講座を英語で行う事にしたら、学生達がアメリカ系大学へ鞍替えした、という例があります。

しかし逆にマレージアの大学では、講座をマレー語の代わりに英語で始めたら、学生達の成績が悪くなり、中止されたという例もありました。

結局はグロービッシュによる教育は、外国人学生に関して、他の全ての悪法を除外した後の、最後の悪法のようです。ただ、自分の国の学生の教育には使うべきでない方法でしょう。

ポルトガル語圏のブラジルや、他のスペイン語圏の南米諸国では、エリートはフランス語を第2の言葉としており、ブラジルに皇帝がいた19世紀末までは朝廷はフランス語を話していました。しかしそのブラジルでも1970年代から、第2の言葉は英語になりました。

南米には欧州連合に相当するMERCOSURという南米連合があります。ここの特徴は、公用語がスペイン語とポルトガル語という似通った2つの言葉だけで、ほとんど通訳なしで話が通じることです。ブラジル人はスペイン語をほとんど問題なく理解でき、スペイン語側の人はポルトガル語の鼻音を時に聞き取り逃すぐらい。それでも問題があるときは英語で会話するようになったそうですが、指導者の水準ではお互いに隣人の言葉を習得するように努力し始めました。

　イギリスの作家サマーセット・モームがフランス語を「教育のある人々の共通の言葉」と述べた数十年前が夢のようです。

　ニューヨーク大学の研究も気になります。共通の言葉を使う場合は、通訳でやる場合に比べて、取引を2.2倍増やし、しかも、「コモンウエルス」みたいな植民地関係があれば、それが2.5倍まで上がるそうです。本当？

複栽培人間への誘い

　イザベル1世はイザベル・ザ・カトリックというあだ名を持ち、コロンブスのアメリカ発見に到る航海を支援したスペイン女王ですが、その孫にチャールス・クイント（シャルル又はカルル5世）という人がいます。

　皇帝チャールス・クイントは1500年に生まれ、スペイン王とゲルマン系聖ローマ帝国の皇帝になりました。彼はベルギーのオランダ語圏で育ち、ヨーロッパ中を馬で旅行し、スペイン王というより、16世紀の前半のヨーロッパの王として君臨し、こう言いました。「予は神にはスペイン語で話し、女にはイタリア語で話し、男にはフランス語で話し、予の馬にはドイツ語で話す」

　ドイツ語は軽蔑されている訳ではなく、鋭い言葉（Halte, Hin, Heraus）などが動物に向いており、ドイツは動物飼育（特に馬）に秀でていたのも理由でしょう。何れにしろ、この時代には、英語には一言も触れられていません。

　しかしデボラ・キャメロン女史によると、彼の述べたという言葉は、国によって幾分異なって伝えられています。

英国では、

「予は神にはラテン語で、音楽家にはイタリア語で、兵隊にはスペイン語で、従僕にはドイツ語で、婦人にはフランス語で、予の馬にはイギリス語で話す」

　仏国では、

「予は神にはスペイン語で、女にはイタリア語で、男にはフランス語で、予の馬にはドイツ語で話す」

　独国では、

「予は法王と話すためにイタリア語を学び、予の母にはスペイン語で、予の叔母にはイギリス語で、予の馬にはドイツ語で、自分自身にはフランス語で話す」

　この歴史から見ても、1つの言葉は決して、あらゆる分野で勝利を収めることはないのかもしれません。

　世界の言葉の構造は、おおまかに言って2つの型に分かれます。1つは英語のように主語から動詞へ、それから目的語または補語へと続き、1つは日本語みたいに動詞が最後に来ます。19世紀の前半にフランツ・ボップは、ヨーロッパの言葉はインドのサンスクリット語と一緒になって、インド－ヨーロッパ語系を作るようだ、と発表しました。例えば「兄弟」は、英語、ドイツ語、サンスクリット語、フランス語、ラテン語の順に、brother, Bruder, brathar, frère, frater となり、「姉妹」は sister, Schwester, svasar, soeur, soror であり、確かに同じ語源を持つことは明らかに思えます（ジャック・セラール氏）。

　日本語は、文の構造も語源も、これらの言語間のような共通点を持っていないようです。日本人が英語をやる時は、日本語とは別種類の言葉をやる訳で、他人が100メートル競走なのに日本人は100

メートルのハードル競走を強いられているようなもの。先に述べたように、日本が英語力の試験では世界のビリから何番になってしまうのはそのせいなのでしょう。

　私にとって日本語を理解するには、目で見て読み、書いて覚えることが重要です。漢字という象形文字は、私に視覚の重要さを教えてくれました。逆に西洋語は、私にとっては耳で聞いて理解する言葉です。まず会話があり、発音に従ってアルファベットという抽象的な文字で筆記し、具体的な物に代替させます。だから西洋語では、律動感や円滑な流れがあると理解し易い。私は英語が話されるときは聴覚だけに頼りますが、日本語が話されるときは印刷物がなければ苦労します。史部になって、聞く方の耳は疎かになってしまいます。

　西洋の言葉、例えば英語は、簡単なアルファベットで書きます。文字には１つの役割しかありません。話した言葉を書き言葉に直す役割です。つまり西洋文化には、話し言葉を図にして考えるような文化がないようです。語部の文化と言うのかも。

　中国語では話し言葉と書き言葉にそのような上下関係はないように思われます。しかし中国語会話には発音の数が多すぎて、中国語をアルファベットに書き直すのにも大変な苦労があるものと思います。専門家達が25年もかかって、やっと公式版が1976年頃に発足したと聞きます。

　日本人は幸運です。日本語は発音が少ないので、全部ローマ字へ変えることができますが、中国語は発音数が多いので、アルファベットが不足するはずで、その問題を解決するのは難しいことでしょう。

　ある考えを表現したいときは、欧州ではそれを表現するために言

葉をひねくり回しますが、表現は明瞭でなければならない。つまり、言葉の使い方で概念を作り出します。日本語では例え表現は明瞭でも、それは日本語的な表現でない、と言われることがある。普通なら言葉は明瞭であれば目的を達成しますが、日本語ではその他に、ある型に嵌る日本語的な表現が必要なようです。言わば、まずある概念があり、表現をそれに合わせるのです。

この日本語のせいで、日本人は西洋語を学ぶのに苦労するばかりか、日本語を使っての会話力さえ軽視するようです。会話力どころか、日本では沈黙は金なりと言うではありませんか。

私にとって英語は便利ではあっても、決して他の言葉より優れた言葉ではありません。ある国が外国語の選択をそのような1カ国語に限ってしまい、そこに国の富みを投資してしまうのは少し心配です。

日本の戦前の教育では、いろんな外国語を自由に学ぶことができたと聞きます。明治維新から日本に多様な才能が生まれたのは、そのせいだと私は信じています。

例えば、ボードレールの『悪の華』は、フランス語から日本語へ訳され、日本語を通じて韓国語へ翻訳された、と聞きました。私の知る限り、ジャン・アンリ・ファーブルの『昆虫記』は無政府主義者の大杉栄が翻訳を始め、少し楽天的な無政府主義者の椎名其二が引き継いで翻訳を完結しました。その翻訳は日本語のできる中国人学者が参照するまでになっています。つまり戦前日本の外国語教育の多様性は、他のアジア人に欧州の文化を伝える役さえ果たしたようです。しかも、これらの訳者がフランス語を翻訳するときには、既に存在していた英語翻訳をも参照しています。翻訳する間にある価値は失われるかもしれませんが、別の価値は付加されるのです。[(6)]

　英語を国語とする国の報道界は、読者数や販売数を伸ばすために、英語を話す国のニュースを多くしなければなりません。そうすると同じニュース価値で比較して、英語国に関するニュースが非英語国のそれに比べて必然的に多くなります。そればかりか、非英語国のニュースに関しても、英語国の読者に受けるような観点からニュースを伝えるのが、販売を上げるために必要になります。かくして、脇から英語を齧る非英語国の人々は、否応なしに英語国の意見や偏見を輸入することになります。実際、私は日本に来る度に、日本のヨーロッパ情報が米国人や英国人の観点から語られている傾向を感じるのです。

　何れにしても、世界の人口の５％か６％しか占めない米英国の思考や嗜好が、残りの95％近くのそれを支配するようになるのは、どうも均衡がとれていません。そんな傾向に追従するのでなく抵抗しなければ、その傾向は次の破局まで続くでしょう。金融界に次ぐ、世界文化の破局？

　私は少し被害妄想かもしれません。ただそのような世界図は、チャーチルが第２次大戦中に描いた、英語国が世界を牛耳るという構想を彷彿させるのです。英語が国語でない人々に、何と失礼な構想でしょう。ところが半世紀後になってみると、日本人や仏人みたいな、英語文化がなく社会哲学も考え方も違う国民が、英語を学ぶために人生の主要な部分を犠牲にし、否応なくチャーチルの構想に貢献しているのは皮肉なことです。しかもそのような意識さえなく。

　言葉は頭の働きや考え方を作るものであり、英語の広まりは、別の考え方をする力を限定してしまうでしょう。チム・パークス教授は次のように指摘しています。

「現在の作家は自分の作品が英語に翻訳し易いように書くという傾

向がある」

　つまりこれらの作家は既に自分の言葉で翻訳を行っているのです。これでは、文学的な変化がなくなるのが懸念されます。現在は40億人が英語（英語を広く解釈した場合）を理解するそうです。日本にもそのような作家がいるとしたら、恐らく世界の流行作家となるでしょう。しかしそれは文学の多様性を犠牲にした商業主義とも言えそうです。

　フィヨン仏首相はその点を批判して、2010年の東京での記者会見で、おおよそ次のように述べました。
「欧州の情報を得るには、英語の報道を読むだけでは片手落ちです。欧州の本当の姿を知るには、もっとフランス語やドイツ語の文章を読むべきです」

　この言葉が英語一辺倒の今の日本社会に注意を喚起したかどうかは疑問ですが、これはフランスの過去の失策への反省でもあります。フランスのエリートは悪魔的な日本語を学ぶより、日本官庁の発表する外国向けに誂（あつら）えた英語情報に頼りすぎ、それに不満なときは日本に出掛け、個人的な感触で日本や日本人を理解しようとし、それが日本への歪んだ像を作ってしまったのです。

　ヨーロッパの考えをよく理解するには、欧州連合の中心であるドイツとフランスの考えを分析しなければなりません。ちょうど明治時代の先駆者が考えたように、日本人はヨーロッパを理解しようとしたら、英語だけからの知識の吸収を避け、もっと独語や仏語やその他の言葉からの情報を吸収するしかないでしょう。英語国の色眼鏡を通した情報を避けるためにも。

　思い出して下さい。欧州連合はもともと、仏独戦争の再発を予防するために考案されましたが、その後の進展により、チャーチルに

よる英語国主導の世界構想に対抗する組織ともなりました。その後に英国は欧州連合に参加しましたが、それは米国が英国に興味を持ち続けるための条件だったからでした。そして今や、イギリスは欧州連合から離れました。それやこれやで、欧州連合に関する意見は、英米国と、欧州連合を主導する独仏の間でかなりズレがあるはずです。利害対立の原則によれば、仲の悪い両当事者の一方に、他方についての意見を訊くことは避けるべきでしょう。

　日本ではごく最近まで、大学入試でドイツ語やフランス語を選択して入学した人が沢山いたそうです。もちろん、中国語や韓国語を選択してもよいはずですが。彼等は選ぶ言葉により性格も異なり、ラテン的な学生とか、芸術的な学生とか、分析的な学生とか、いろいろな学生が大学の同じ学級で遭遇し、変化があり、個性が強く、生活も楽しかったらしいですね。

　面白い例で、ノルウエー人は自分の言葉があまりにデンマーク語に近かったので、方言を加えてデンマーク語から離れようとしたし、ヒンデイ語とウルデュ語は非常に近い言葉でしたが、インドとパキスタンが独立してから、ヒンデイ語はサンスクリット語を加え、ウルデュ語はアラブ語とペルシャ語を加え、2つの言葉は段々と異なる言葉になりつつあります。

2カ国語を使う子供の利点と欠点

　2015年時、アメリカでは外国語を学ぶ生徒の割合は21.5％に過ぎないのに、欧州の生徒は半数以上が外国語を学んでいます。
　自由に2カ国語を使う人の有利なことがよく話題になります。双

語併用者とでも定義しましょうか。彼は自分の知性の中に、２つの異なる選択を同時に持っているので、両方の内から情況に関係のある方を選び出し、幾つかのことを同時にやる能力に長けるそうです。例えば、子供達に次のような非論理的な文章を示し、文法的に正しいかどうかを尋ねるとします。[7]

「林檎が鼻の上になる」

「そんな馬鹿な」

　これが１つの言葉しか話さない子供の返事で、考えはそこで止まってしまいます。２つの言葉を話す子供は、そこで諦めてはしまいません。授業が国語の時間であることを考えて、

「そんな馬鹿な。しかしその文章は文法的には正しい」

　と考えます。しかしこのことは、しょっちゅう２つの言葉を使っている子供、例えばカナダのオッタワに住むケベック人のような、完全な双語併用児童にしか言えません。

　既に 1959 年、カナダの神経生理学者は言いました。[8]

「子供は揺り篭にいるときからあらゆる音を聞き分け、３歳から８歳の間に、音声を聞き分ける最高の能力を示す」

　その後、別の神経生理学者が少し訂正を加えました。[9]

「子供は５歳で既に、成人脳の能力の 90％ を形成している。だから、脳形成が言葉の習得に関係があるとしても、それが第２や第３の言葉を習得するために使われることはあるまい」

　上記の３人の先生ともカナダで活躍した先生です。カナダは英語と仏語が国語なので、双語併用者を研究し易いのです。

　仏語と独語の間、及び英語と西語の間で行われた調査を纏めると、次のようになります。生まれてから４歳ぐらいまで２カ国語で育てると、２つの表現法と２つの考えを同化しようと努力するので、他

の幼児ほどおしゃべりではない。しかし精神的に柔軟になり、創造性が豊かになる。言葉は耳で話す、と言います。しかも、聞き分ける能力を将来にまで維持できるのかも知れません。生理学的にも、ある発音を繰り返して聞いていると、聴覚用の大脳皮質が大きくなるようです。ただ、2カ国語に流暢な双語併用児童の不利な点は、ずっと後の大学進学前の学業試験では、1カ国語生徒より一般に悪い成績を修めるようです(10)。

　2012年のカナダでの研究も、それを確認するようです。生まれながらの双語併用児童（例えば英語と仏語）は同時に幾つかの活動をする能力に長ける。しかし両方の言葉で、語彙に穴ができるようになる。それに対して例えば1つの言葉しか話さない子供は、2カ国語併用児童に比べると語彙が豊富、広くなる。

　もっとも、皆がみな生まれながらの双語併用者になれる訳ではありません。例えば2歳かそれ以上の年月を韓国語で育った児童が米国に移住し、双語併用者になる場合。その児童の英会話力は米国へ移住した年齢の若さに比例し、韓会話力はそれに逆比例する。困るのは、その児童が大学受験期になると、彼の語学力は2つの言葉の間で競合し、一定量の水源から、英語を汲み出すか韓国語を汲み出すか、の状態に頭打ちにされてしまうこと(11)。

　2013年にインドの痴呆症患者のもとで行われた調査によると、2つ目の言葉を話す人はその病気の発生を4、5年遅らせることができます（ニューロロジー誌）。これは以前に得ていた、5年遅らせる、という結果を確認するもの。2つ目の言葉を話すことは、その習得で頭を使い、また、状況によりどちらを選択すべきかで頭を使うのは確かでしょう。しかしそれなら、2つ目の言葉を話す代わりに将棋や囲碁をやってもよいし、電算機のプログラムを学んでも同じこ

とのようにも思えます。

　更に同じ調査によると、３つ目の言葉を話すことには、そんな痴呆症遅延効果は見られませんでした。日本人は既に漢字を使い、音読み、訓読みを使い分けることで既に２つ目の言葉を使っているように思えます。そうすると３つ目の言葉である英語を学ぶことは特別にそんな遅延効果を齎さないようにも思えます。

　脳生物学者イエド博士によると、人間とサルの違いの１つは胎児の脳の形成速度であり、サルは生まれたばかりで既に大人猿の脳の能力の75％以上は形成されているが、人の場合は、生まれたばかりの赤子の脳は成人脳の能力の25％しか形成されていない。つまり人間の子供の脳は、成長する間に多くのことを学べるようにできています。そうかと言っても、上記の研究によると、５歳で既に成人脳の能力の90％が形成されてしまいます。そして、母国語での音韻や文法の構造が固まるのは５歳から６歳だそうです。しかも、小さいときから外国語を聞いていると、言葉の処理速度は速くなるが、記憶力を改善することはないそうです。

　そうすると、そんな年齢に到る前に英語を、日本語とは構造や発音が全く違う英語を学び始める効用は果たしてあるでしょうか。これは永遠に問われる問題でしょう。

　フランスでも中学校時代から第１外国語を教える試みがありました。普通に使われる方法は「視聴覚教室」で繰り返して言葉を詰め込むやり方。これは意欲的な少数の生徒にはよいのですが、他の生徒はすぐに我慢できなくなる。

　次に試みられたのは「自然の会話の教室」です。この方法では、できる生徒と先生との会話だけが残り、できない生徒や内気な生徒は会話さえしなくなる。

　かくして、これらの教育の成果は既に高校卒業時になくなってしまう。従ってこれまでのように、暗記や書くことや翻訳を主体とした教育も必要に思えます。ところが暗記した記憶は、使う機会がないと腐ってしまいます。これが、太平洋と日本海の間に孤立する日本の一番の問題ではないか、と思われます。

　最近、仏児童に小学生のときから英語を教える試みがなされました。分析の結果、効果があった場合と、どうにか効果があった場合と、返って良くなかった場合が３分の１ずつに分かれました。ただ、そのような早期に英語を教育しても、中学校での語学成績は改善されませんでした。しかも苦労した生徒は、全ての外国語を嫌うようになり、将来に外国語を学ぼうとしません。その調査に携わった先生によると、

「言葉を学ぶことには文化を学ぶという別の目的があり、書くという訓練も必要なのです。特に視聴覚教育では、昔のように、子供の記憶の中に言葉の構造を覚え込ませるという作業が忘れられています」

　それでも現在のヨーロッパでは、８歳から10歳の間に欧州の他の言葉を習い始めるのが一般です。しかし小学生には外国語を聞く力のある子とない子がおり、彼等の将来を無駄にしないために、全児童を挙げて語学教育へ突っ走る前に、彼等の語学適性を検査すべきだ、と提言されています。

　ここに、第２の言葉の語彙を学ぶのに生理的に重要な臨界年齢というものはない、という説があります。[(12)] 勿論、幼児は適宜な年齢では幾つかの言葉を容易に吸収しますが、その能力は年齢と共に減って行く。しかしそれは、他の視覚や聴覚や嗅覚などと同じことです。

　ここで朗報は、人間生来の言葉会得の機構が活性である間は、第

１の言葉を会得するために発展させた原則は、第２の言葉を会得するためにも利用できるらしい。[13]

　それに、第２の言葉に上手くなるには、年齢以外の因子、例えばやる気や、憧れや、個人の性向や、環境や、費やす時間の方が重要です。[14]確かに外国語の会話力という代物は、その国の雰囲気に自然に浸透していないと、なかなか維持できないように思えます。

　これらを総合すると、幼年時代からなまじっか英語に時間を費やすより、まず日本語をちゃんと会得する方が得で、そのようにして培った日本語の力は英語を習得するためにも使えるようです。

　香港の人は自分らの英語が段々と地域性を帯びてきて、冗談にコンギッシュと呼ぶ人もいるそうです。しかも、英語と中国語が香港で公式語になってから、英語熟練試験では、いつもシンガポールと上海に負けるようになりました。この現象は、上記の観察に一致するようです。

イストワール・ベルジュ（笑い話）

　欧州は込み合った大陸で、隣人とは何語で話すか、と、まず考えなければならない所です。特にベルギーとスイスがそうです。

　フランス人は笑い話の事を、よくイストワール・ベルジュ（ベルギーの話）と言います。これはベルギーでのフランス語圏とオランダ語圏での言葉の対立の問題が愉快な話題を提供してくれる事の他に、ベルギーという不自然な国がなぜ存在するのか、を当てこすっているのでしょう。

　ベルギーは、オーストリア領だった地域に住む旧教のオランダ人

が、新教のオランダ王に付属されるのを拒否して、1830年にできた国で、フラマン語（オランダ語の一種）とフランス語とドイツ語（話し手は7万5,000人しかいない！）が国語ですが、お互いに相手の言葉を使ってあげるような努力はしません。

　ただ、英国製のジ・エコノミスト誌では、少し話調が違います。ベルギーはイギリスとプロイセンの連合軍が1815年のヴァーテルローでナポレオン軍を破った後に、イギリスの色んな失策の結果できた国だそうです。ヴァーテルローの戦いの後、イギリスの外務大臣のキャッスルレー子爵は言いました。
「フランスからの新たな攻撃の防塞として、今のオランダを拡大して、大オランダにしよう」
　しかしその場合には何語を国語にするか、の問題が生じました。
「今後の国語はオランダ語にしよう」
　しかし、大オランダの南部にはフランス語を話す人々が住んでいます。仏語圏の人々は怒り、反抗して蜂起しました。その後、拡大オランダが商売の上でイギリスに邪魔になりだしたので、イギリスは仏語圏の人達と交渉しました。
「ドイツからレオポルドを王様として受け入れなさい、そうすれば代わりに、貴方たちを支持し、ベルギーの中立を保証する」
　レオポルドは英国のヴィクトリア女王の叔父で、女王のお気に入りだったからです。ドイツ側の責任者は尋ねました。
「中立の保証とは何か？」
「フランスが再びベルギー側から侵入して、ドイツを攻撃しないように保証する」
　その後の歴史では、フランスではなく、ドイツの方がベルギー側から侵入して、2回もフランスを攻撃しております。

鉄鋼業の盛んな頃は、鉄鋼業地帯であるフランス語圏がベルギーの経済の中心となり、フランス語が話せないと仕事が見つからない時期がありました。しかし鉄鋼業が衰退すると、人口の過半数を占めるフランダース人はフランス語人口に反発し、研究発表などではフランス語ではなく、英語を使用し始めました。

　ベルギーはイギリスやアイルランドに似て、雨の多い国で、年に約200日の雨の日があり、これはアイルランドの225日に次ぐものです。

　1815年6月、ブラッセルから20キロの盆地ヴァーテルロー、もうとっくに夜は明けていたのに、地上は雷雨により泥沼に化し、ナポレオン軍の銅製の重い大砲は、ウエリントンの率いる10万人のイギリス戦線に近づく事が出来ませんでした。ナポレオン軍のグルーシ元帥は他の戦線で負けて逃げるプロイセンのブリュッヒャー元帥を追いながら、伝言を送りました。

「どうも、プロイセン軍は東方へ逃げたのではなく、ウエリントンのイギリス戦線を助ける為に北上しているようであります」

　更に夜明けに、グルーシ将軍は先の情報を確認するための情報を送ってきたので、ナポレオンの参謀長のスルト元帥はナポレオンに進言しました。

「閣下、この状態では、今の処は一時退却し、グルーシ元帥の軍が着くのを待ち、それと合流して戦力を高める方がよい、と考えます」

　しかしナポレオンは聞きません。退却は敗北だ、とパリで解釈されるのを恐れたからです。そこで、6月18日の朝10時半、地面が少し乾いた頃に、ナポレオンは終にイギリス戦線に正面攻撃を仕掛け、その戦線を突き破りました。

　しかしイギリス軍は、プロイセン軍が到着するまで何とか持ち堪

え、到着した 13 万人のプロイセン軍はイギリス軍を助け、ナポレオン軍を潰走させました。

　実に、1815 年のヴァーテルローでの戦いでは、ナポレオン軍はベルギーの雨のせいで攻撃を遅らし、その間にプロイセン軍がイギリス軍に加勢に来る事ができ、ナポレオン軍を破ったのです。ベルギーの雨がなければ、欧州、果てはアメリカでの勢力関係も変わり、今ごろの世界はフランス語を話していたかも知れません！

日本語と英語が競合するとき

　双語併用者についての研究は、多くの場合は語源の近い西洋系の２つの言葉についてなされた調査です。東洋人は西洋患者用に処方された量のアスピリンを飲むと、量が多すぎ、返って血を吸い取られるような奇妙な気分に陥る、と聞きました。それと同じで、構造の異なる東洋語と西洋語の間では、また別の基準があるように思います。

　この点に関しては、韓国語と英語の双語併用者についての調査が多い。それは、小児のときにアメリカ大陸へ移民した韓国人が多いせいです。

　先の述べたことを思い出して下さい。韓国で生まれた子が２年以上経って両親と共にアメリカへ移住する場合、英語の会話力はアメリカへ移住した年齢が若いほどよいのですが、韓国語の会話力はその分だけ低くなる。

　このような双語併用者の弱みは別の方法で証明されました。耳の聞こえない子供が同じく耳の聞こえない両親を持つときは、その子

供は手真似会話を、普通児の会話力と同じ水準にまで発展させることができる。しかしそのような子供が耳の聞こえる両親を持つ場合は、一定の年齢まで手真似会話を始めないのが普通です。そのせいで、その子は手真似会話にそれほどうまくはなれません。[15]

　言葉の能力には、勉学中の読解力に必要な「考える言葉」と、会話力としての「伝える言葉」があります。英語を使って学力をつけるだけの力がない日本人は、逆に日本語の勉強に精を出す方が得。そうすることにより、間接的に「考える言葉」としての英語の発達を助けることができるからです。帰国子女が外地で学んだ英語力を、日本に帰ってからも持続できるかどうか。それはその子女が海外にいる間に、英語を「考える言葉」として使うことができたかどうか、によります。英語を「伝える言葉」としてのみ使っていた子女は、英語が良くできる日本人にはなれません。[16]

　しかも通念に反し、一定期間に習得する英語力は、「考える言葉」としてなら高学年になったときの方が圧倒的に優れ、「伝える言葉」としてなら年齢による差はほとんどありません。日本語の読解力が高い子女ほど英語の読解力の伸びも速くなり、その相関関係は年齢と読解力発達の関係より高いそうです。2つの言葉のできる子供には言葉ごとに別々の思考の泉がある訳ではなく、共有の泉が1つあるだけで、そこに2本の管が付いている。日本語の管から泉を一杯にしておくと、英語の管を開いたときは、日本語として蓄積されていた学力を英語のためにも活用できます。その泉が日本語で満たされていない内に英語を始めると、子供はまず英語の管を開くのに苦労し、同時に不得手な英語を使って思考泉を満たす努力をせねばなりません。その結果、英語での会話力は増しても、読解力は伸びないという状態に陥る危険が大きい。[16]

230

　このことは、先述の2つの観察が日本語へも適用できることを示しています。つまり、英語と韓国語の双語併用児童の現象で、彼の語学力は大学受験期になると2つの言葉の間で競合し、一定量の水源から英語を汲み出すか韓国語を汲み出すか、の状態に頭打ちにされてしまうという観察と、人間生来の言葉会得の機構が活性である間は、第1の言葉を会得するために発展させた原則は第2の言葉を会得するためにも利用できるという観察。

　さてここで、物理学者のコペルニクス、ケプラー、ガリレイ、ニュートンの関係を考えてみましょう。彼らが他人の仕事を知り、それを利用し、更に科学を発展させたのは、共通のラテン語のお陰でした。つまりこれら偉人たちは、考えるのには母国語を使い、他人の発見を知るのは共通のラテン語からでした。この歴史が教える事は、英語は理解できれば十分であり、稀にしか使わないような英会話を学ぶのは、必ずしも必要ではないという点でしょう。

　国文や中国語やドイツ語やフランス語の専門家になりたい人が、英語の聞く、話す、読む、書くの力で大学入試の学力を測られる理屈はないように思います。そんな英語能力が必要な人は、実業界の職業に就きたい人達だけでしょう。ある学問に本当に秀でるには、遊んで楽しむ気分が重要だと思います。アジア人は、特にアメリカに留学します。日本は、アジアではアメリカに留学しないでも国際的な仕事ができる稀な国民です。それは日本語で考えて行動し、外国の知識は簡単な英語を理解して得られるからだ、とは思いませんか？

　チャーチルは学校ではできない方の生徒でしたが、こう言ったそうです。

　「私はもっと賢い生徒たちより巨大な利益を得た。それは、彼らは

皆が、ラテン語やギリシャ語やそんな素敵な科目へ走ったのに、私は出来の悪い生徒とみなされ、英語だけを学ぶ事ができた。かくして私は、普通のブリテン語の文章の本質的な構造を自分の骨の中に打ち込んだ。それは気高い事だ」

　そして彼はノーベル文学賞まで得たのです。

　それが日本語にも当て嵌まるか。

　ノルウエーとデンマークは小学校の１年生の時から英語を学ぶようになりました。これらはドイツやフランスやスペインと違って小さな国だから、将来は外国語の能力が将来の展望に重要になるからでしょう。しかもノルウエー語とデンマーク語は英語の親戚みたいなものですから、ほとんど違和感を感じないのでしょう。

　しかし、ドイツでの調査でも、スイスやスペインのそれでも、若年の時から英語を学び始めるのは、英語の習得には必ずしも良い影響はなく、むしろ遅目に集中して始める方が良い、と結論しています。

　ドイツの調査では、６歳から７歳で始めるより、８歳から９歳で始める方が後の学年で追いつき、追い越すそうです。つまりは、生徒は精神的に少し成長した時の方が、深く学ぶ能力ができているからでしょうか。

　スイスの調査では、８歳で始めるより、13歳で集中的に学び始める子供の方が、後の学年で英語の成績が良くなる、というものです。その理由としては、自分の母国語に熟練してから外国語（例えば英語）を学べば、自国語の熟練度が外国語を学ぶのを助けるからだ、とみなしています。

　スペインの調査では、小学校で週に１時間か２時間の英語をやらせても、長期的にみた英語の能力は改善されていない、というもの

です。

　1つ指摘すべきは、これらの調査は、アメリカの外国サーヴィス研究院の調査での1部または2部に属する、似通った言葉を学ぶ場合に当たる事です。日本語と英語の場合は4部の、最も異なる言葉を学ぶ場合に当たります。その場合には、スイスの教えに従って、生徒はもっと自国語に成長した後の方が良さそうです。

　マレージアの首相マハター・モハマッド（Mahathir MOHAMAD）は若い頃はマレー語の推進者で、1990年代にマレー語を学校での教育語にしましたが、2003年に数学と科学は英語で教育することにしました。これが大失敗で、学生の学力はがた落ちし、政府はこの計画を2009年に継続しないように提案し、親たちを怒らせました。

　インドで、地方の言語で教育する学校と英語で教育する学校を比べた場合、数学に関しては、その地方の言語で教育する方が英語の学校より良かったそうです。

　政治学者の施光恒氏が反対しているように、私も英語を小学校の教科に格上げし、大学でも英語で授業できるようにする、という政策には反対です。生まれ持った言葉は思想でもあり、日本性の本質で、それをしっかりやった後に他の事をやるべきです。横文字の好きな生徒が若年の時から英語を学び始めるのは、それで勿論構いません。しかし、英語の好きな生徒を特に優先し、皆にそれを強要するのは愚かな事だと思います。特に小学校の3年の、日本語がちゃんとできない生徒の時に英語を懸命にやらされ、日本人の社会で一生を過ごし、英語を話す必要が全くなかったような人は沢山いる筈です。その人達は、若い頭脳の形成時には、英語の代わりに他の好きな科目を楽しみながらやった方がどれだけ得だったでしょうか。

むしろ、幼時からの英語の勉強は、選択にしたらどうでしょうか。中国語をやりたい子、スペイン語をやりたい子、他の学科の算数を深めたい子……と。そうすれば将来の専門言語学者や数学者の卵を産むに違いありません。猫も杓子も若年で英会話をやらされ、実際には英語を話さないまま人生を終わる事ほど無駄な事はないように思えます。

　だけど英語は、その基礎を習えば、私の弟の場合のように、将来に役立つでしょう。しかしそのような基礎を学ぶには、若年ではなく、論理的に考える事ができるようになる、少し高年の方が良さそうです。

　私は日本人の知人の某総裁の話を思い出します。その人は、東大時代にコンラッドの『闇の奥』(ハート・オブ・ダークネス) の英語に興味がなく、よくサボって試験に失敗し、落第したそうですが、40年後には日本で最も勇敢で、首相にさえ楯突く超官吏になりました。その人は今でも日本語しか話しません。稀にする海外旅行では通訳を最高に利用します。ムーラン・ルージュ劇場の中にいるときにやっと時間を見つけ、私に電話して来ました。既に寝ていた私を電話で起こしてくれたのは、彼の通訳でした。

日本語と英語の共通点

　日本語は漢字とカタカナでどの外来語も簡単に導入してしまう柔軟性を持っています。フランスのルノー・ド・マリクール教授は、日本人学生には日本語で、米国人学生には英語で、同じ内容の文を読ませて比較しました。読み取りに関しては日本語の方が25％近く早

く、内容把握の正確さに関しては英語の方が高かったそうです。実際同じことを述べるのに日本語では1ページのものはヨーロッパ語に直すと1ページ半ぐらいには長くなります。理解するときは表象文字を混ぜる日本語の方が早い訳です。ここでも日本語とアルファベットを用いる言葉との違いが判ります。

　私の関係する欧州連合の機関では、しばしば英語と独語と仏語が手続き語として使われます。同じことを言うのに一番簡潔で短いのは英語で、便利はよいのですが、法文の解釈に疑義が起こることが多いのも英語です。その場合は別の公用語であるドイツ語とフランス語では何を意味するか、が参照され、最も正確な法文が採用されます。文章が長くなる順序は英語、独語、仏語の順ですが、正確度もこの順に増して行くようです。

　例えば、日本語で「裁判所は、この・規則・から、それは・完全に・明瞭で・あると・信じる」と言うのに、英語では冠詞も入れて10語ですみますが、独語では14語、仏語では19語が必要となります。しかも各単語の長さでは英語はフランス語とドイツ語に比べて短い傾向がある。上の例では日本語は英語と同じくらいに簡潔になれます。

　ジ・エコノミスト誌の調査では、英語の文をフランス語やドイツ語に翻訳すると、単語数として25％から30％は増えます。しかしそんな特徴も漢字の文化に比べると、あらゆる利点を失います。英語は中国語へ翻訳すると70％の分だけ短くなる。日本語も簡潔さで知られ、中国語とあまり変わらないぐらいに簡潔になるはず。しかし一般に、「ロマンス」を語る言葉ほど冗長になるようですから、どちらがよいかは別の問題です。スペイン語やフランス語はそのよい例となります。

英語の特徴は、その簡潔さの他に、ほとんどあらゆる状況に関して、誂え服みたいに、予め準備された表現を持っていることでしょう。そのことは便利ではありますが、容易くやっつけ仕事になり、深さがないという欠点にもなります。

　しかも英語は他の欧州語に比べると、物凄く生活力のある言葉。フランス語なら新しい言葉を作るときはギリシャ語やラテン語やゲルマン語の辞書を使って語源を探します。英語は簡単な単語、それもしばしば単一の音節しかありません。擬声語に近いものです。

　日本語は擬声語を副詞として使い、よく言えば自然主義的、悪く言えば幼稚な表現を用いますが、英語ではこれら擬声語を動詞の中に取り込んでいるようです。時計がチクタクと音を出すのをテイック（Tick）、チリンチリンと音を出すのをテインクル（Tinkle）、星がキラキラ光るのをツインクル（Twinkle）、ポンと音をたてるのをポップ（Pop）、犬がグルグル言うのをグロウル（Growl）、蜂がブンブンと騒ぐのをバズ（Buzz）というように、擬声音を動詞にして表現します。

　ドロップ（Drop）、ドリップ（Drip）、ドループ（Droop）、ドリブ（Drib）、ドリブル（Dribble）などの一連の動詞にしろ、これらはみな垂れ下がるか落ちる印象を与え、日本語のポトリ、ポトリとか、ポタリ、ポタリとかポツン、ポツンという擬声語に似ていませんか。何れにしろ、日本の猫はニャーニャーと泣くのに、英語ではミューと泣くのとそれほど違いありません。一方で、蛇の音がSSSという音を含まないのは日本語だけらしく、日本語ではネロネロという表現が普通らしいですね。西洋やアラブのアヒルはクァックと鳴きますが、日本ではグワグワと鳴きます。面白いのは、英語では一語の動詞で済むのに、日本語では相手にうまく感じを摑んで貰う為に、少

236

なくとも2回は繰り返します。

　これらの擬声語をもっと発展させれば、漫画での「ヤーッ」「バサッ」「ドドーッ」「ヒョロリ」「シトシト」などと同じく、世界で大成功を収めるに違いありません。

正確な日本語を求めて

　ユダヤ人は、イスラエルを建国する前の19世紀末から、ヘブライ語を復活させる努力をしました。新しいヘブライ語に必要な語彙は聖書の言葉から選び出した。技術の進歩に伴う新しい言葉でも、単に発音を真似るのではなく、なるべく聖書に源を求めた。例えばコンピューターであれば、聖書の中の「考える」という単語から作り出しました（ネイル・ジャコブ氏）。フランスも、コンピューターという言葉はフランス語が起源なのに拘らず、現実を表さないというので、オルデイナタール（整頓する装置）という新しい言葉を作り出しました。

　ジョージ・オーウエルが、英語を改善するために立てた原則によると──

・印刷物でよく見る、隠喩や直喩やその他の話法型を用いるな。

・短い言葉ですむときには長い言葉を使うな。

・言葉を短くできるときには、常に短くせよ。

・能動態を使えるときには、受動態を使うな。

・同等の日常英語があるときは、外国成句や科学用語や特殊語を使うな。

・明らかに粗野なことを言うよりは寧ろ、これらの規則を破れ。

日本語も、更に簡潔に、分かり易く書くように努力すれば、内容把握の正確さが増し、英語に比較して劣るところはなくなるように思います。

　これはジョージ・オーウエルの原則に反しますが、日本人は外国語をカタカナに変えて簡単に吸収するばかりか、それに新しい意味を与えるという意地悪さをもっています。アベック、アフレコ、メリケン粉、ハイカラ、ランデブー、アルバイト、マダム・キラー、ペーパー・ドライバー、アニメ、ビジネス・ガールなどの例もありました。最近は 1990 年にバブルがはじける前に、激しい建築ブームがあり、それを測るために、建設中の最も大きな建物の高さの指標を示す「エレクション・インデックス」というものが定義されました。しかし、英語国民には「エレクション」という言葉が想像させるのはまずは男性の勃起であり、彼等はそのような言葉を使うのを躊躇するでしょう。日本人は無意識の内に、英語国民の想像できない英語を、新しい日本語へ転換したと言えるでしょう。

　フランス語はその 90％ がラテン語に基づいています。英語はそんな仏語を大量に輸入し、その内のかなりを、もとのフランス語と少し意味の違う〝偽の友〟としてしまいました。このようにして英語の語彙は大いに増え、言葉が豊かになって行ったのです。これは日本語の将来への道を暗示します。

　これからの日本に望ましいのは、先達がやったように、これらの新しいカタカナ語彙を漢字で現す努力をすることでしょう。誰でも思うでしょう。「テレフォーン」が「電話」と漢字化したのに、なぜ「テレヴィ」が漢字で書けないのか。確かに「電視」という言葉が使えるが、これでは発音が「電子」と混同してうまくない。誰もが、ある日、誰かが「テレヴィ」のための素晴らしい漢字を見出すのを待

っています。日本人がこれらカタカナから印象的な漢字を考え出す
と、これらの漢字は恐らくそのまま中国語へ入り込むでしょう。百
貨店、和風、国際、哲学。これらは日本語が中国語へ入った例だそ
うです。考えても愉快ではありませんか。

　言語学者クロード・アジェージュ氏は、こんな計算をしました。
「外来語が7から10％以下なら言葉を活性化して豊かにすると言
えるが、10から15％なら消化不良になり、25％以上では脅威とな
り、70％からは言葉の置き換えとなる」

　アメリカ人のH・L・メンケン氏は言いました。
「生きている言葉は絶えず小さな出血で苦しむ人間みたいなもので
あり、それが何よりも必要とすることは、他の言葉から新しい血を
絶えず取り込むことである」

　一方で、アルファベットをカタカナに直した後、カタカナから疑
義なく元のアルファベットへ戻ることができれば、日本語の有用性
はずっと上がるでしょう。

　問題は日本語のカタカナ表現が非常に限られてしまったことです。
昔あったヴィ "vi"（VI）とビ "bi"、イ "i" とヰ "wi"、エ "e" とヱ
"ye" などの区別を復活させ、ラ "ra" とラ "la" のような区別を導入
したら、カタカナとアルファベットを互換させる作業は随分と楽に
なるでしょう。更に、"gi" "ji" "zi" "di" など、例えば「ヂ」「ジ」
「ヂイ」「デイ」などと書いて、区別できるかも知れません。そうす
れば、原語のアルファベットへ戻り易くなります。"bat" の "a" と
"but" の "u" をどう区別できるかはこれからの問題ですが。

　これは正確な表現の例ですが、英語に "employability" という表
現があります。イギリスの英語では、
「就職の際に応募する意思があり、それに応じた教育ができている

こと」

　を意味するらしい。確かにイギリス社会では、欧州大陸に比べ、初期の資格の水準の要求がずっと低い、という国情があり、この言葉の意味が分かります。

　フランス語にも同じ単語がありますが、幾つかの解釈が考えられます。一般には、

「就職が不安定になりつつある状況で、企業が柔軟性を求めていること」

　を意味することにもなり、全責任を雇用者へ押し付けることにもなるでしょう。フランス語で上記の英語の意味を表すには、

「職業上の編入可能性」

　と表現しなければ、正確な表現とは言えないでしょう。

　フランス人は自分の言葉の明瞭さや、旋律を誇りにし、更には、フランス語は自由や礼儀正しさとの結びつきがある、と信じています。

　フランス語の正確さの例は、英語で言う "roundabout" つまり「円形交差点」にも表れます。「円形交差点」はフランス語では２つに分かれます。

　１つは "rond-point" と言い、文字通りに英訳すれば、ラテン系の言葉を使って "roundpoint" とでも言えるでしょう。そこでは先に円形の中に入っていた車に優先権があり、円形に入ろうとする車は既に円形の中に車を見たら、円形の外に止まって、中の車が通り過ぎるまで待ちます。

　ただ、エトワール広場やバスチーユ広場みたいな広い広場では、その方式を取ると、交通が止まってしまいます。なので、上記の広場では、右側を通る車に絶対優先権が与えられます。外から入る車は、右側から来る車だけに注意して、どんどん円形の中に乗り入れ

て構いません。既に中にいる車は、右側から来る貴方の車に優先権を与えてくれます。それが交通規則だからです。もし事故があれば、責任は必ず左側から来た車に課されます。

エトワール広場へは 12 本の道路から車が流入して来ますが、それをうまく通り抜けるには、コツがあります。例えばシャンゼリゼ通りからエトワール広場に入ったら、左側から来る車は原則として全て止まってくれるので、円形広場の真ん中まで一直線に進めます。それから目的の道路へ出るには、右側から突進して来る車だけに注意しながら、その道の方へ少しずつ進むのです。そうすると、平均して赤信号を 1 回待つ位の割合で、別の道へ出る事ができます。そのような円形交差点は、ラテン語系の "rond-" の代わりに、ギリシャ語系の「回転」という言葉を使って "giratoire" と呼ばれます。背の高い観光バスに乗って、高手から広場を見下げると、エトワール広場の壮観がよく見え、イギリスの観光バスからは、英国にないこの「混乱の中の統制」に、大笑いと拍手が湧き起こります。

言葉は人の感性や理性を作る

イギリス人の詩人マイケル・エドワーズは言いました。
「フランス語は世界の別の見方だ」
アカデミー・フランセーズの会員に選ばれた、不死身の大詩人の言う事で、私は何か、世界の洞察とか、世界の想像力とか、そんなものを言いたいのか、と思いました。そして本人は、イギリス人なのに、臆面もなく、フランス語で詩を作り続けています。
でもよく読んでみて、やっと分かりました！

「指紋」の事を英語では "finger print"（フィンガー・プリント）と言います。つまり「指」という名詞と「印」とか「跡」とかいう名詞を連ねた言葉です。とても具体的で単刀直入。それが仏語では "empreinte digitale"（アムプレーント・デイジタール）と言われます。"empreinte" は「(刻印された)跡」、"digitale" は「指の形の」というラテン語系の形容詞です。つまり仏語では、本当に記述したい事から少し距離を置き、現実を遠回しの言い方で述べているように感じます。その為には、ラテン語系かギリシャ語系の長い形容詞を使うのが一番です。

「馬術競技会」は英語では "horse show"（ホース・ショー）、仏語では "concours hippique"（コンクール・イピーク）、農地改革は英語では "land reform"（ランド・リフォーム）、仏語では "réforme agraire"（レフォルム・アグレール）、何れも「指紋」について述べた事がそのまま当てはまります。つまりフランス語は、英語とは別の見方を取っているのです。そして、科学を定義するのではなく、「愛」や「哀愁」を語る時には、仏語の方がずっと向いているのです。

　確かに英語に比べて仏語には、痺れるような、官能に訴える音感があります。フランスの旧教文化の伝統を引く審美感がそうさせるのです。米国でフランス語を教えていた仏人女性は、米国人のジム・ミラー氏にこう言ったそうです。

「貴方たち英語圏の人達は、英語を話す口調で仏語を話そうとするからいけないのです。正しい仏語の響きを作り出すには、顔の表情を誇張して動かすのです。しかも仏語を話す時には、貴方の舌を、必要になればいつでもすぐに接吻できる位置に置いておくのです」

　それでもフランス語のアルゴリズム的な正確さは損なわれていません。ただ、文章がやけに長くなり、実用的でないので、我がフラ

ンス人はせっかくの格調ある言葉の中に、やたらに頭字語による略称を使いたがるのです。

　例えば「フランス国鉄」は正式には、

"Soiété nationale des chemins de fer français"

という長ったらしい名前なので、いつも頭文字だけで SNCF と表現します。内情を知るフランス人ならともかく、外国人には何の事か分かりません。隣国のドイツとイギリスはもっと単刀直入で、ドイツ国鉄は Deutsche Bahn (DB)、イギリス国鉄は British Rail (BR) であり、外国人にも幾分かは分かり易い。しかし頭字語に関しては、何と言っても漢字が一番で、この点では日本語は有利な立場にあります。

　パリに住むクリスクラフ氏はレストランのメニューに「AAAAA により承認されたアンデウイエット（ソーセージの一種）」とあるのを見て、それが、

"Association Amicale des Amateurs d'Andouillettes Authentiques"（真正アンデウイェット愛好家有友好会。英語では "Frendly Association Of Authentic Andouillette Amateurs"）

の頭字語である事を発見したそうです。

　そればかりかフランスは、覚え易い省略語を作ってあげよう、などという努力もしません。例えば国際的な支払い制度として、BIC (Business Identifier Codes) 番号を使います。ところが英語圏国は、同じ支払い制度でも、その標準型を提供する組織、

"Society for Worldwide Interbank Financial Telecommunication"

の方を選んで、もっと覚え易い略語 SWIFT（迅速な）を考え出し、SWIFT 番号と呼んで使っています。英語圏の国民がいかに実用的な

人種であるか、よく示しています。

　日本語は？　日本語はどちらでもなく、また別の世界の見方を与えるようです。長い形容詞は不要です。「哀れ」とか「侘び」とか「寂び」という名詞そのものが、また別の見方を示しているようです。

　スペインと米国でこんな研究がありました。貴方が歩道橋の上で、太った男の横に座っている時に、台車が物凄い勢いで走ってきました。軌道の上では、何も知らない5人が遊んでいます。もし太った男（貴方は軽すぎて、台車を止めることができない）を突き落としたら台車を止めて、5人の命を救う事ができます。つまり1人を犠牲にしたら、5人の命を救う事ができるのです。その場合にはどのように行動すべきでしょうか？

　功利主義者によれば、1個の命を犠牲にしてでも、5つの命を救うべきでしょう。倫理主義者または人権尊重者はそれを禁じるでしょう。

　さて、そんな状況を母国語または外国語を使って貴方に説明した場合、貴方の選択に影響があるでしょうか。そんな状況を外国語で説明された人は、母国語で説明された人に比べて、功利主義者の決定をする傾向が強く、しかもその人の外国語の取得度が低いほど、その傾向が強くなりました。

　この事は、母国語の方が情感の面を発現できる能力を持っている事を示しています。外国語で説明された人は、犠牲者に与える〝悪〟から、情感的に自分を隔離し易い訳です。

　ただ、別の研究から、東アジアの人は、他の人種に比べて、功利主義的な冷たい選択はしないだろうという事が分かっており、実際にこの研究で対象になった韓国人も、太った男を突き落とす選択をする人は、韓国語で尋ねられた時には皆無だったのに、英語で尋ね

られた場合は7.5％がそれを選択しています。更に別の研究から、人の精神は2つの分かれた認識体系（本能的で速い選択と、より論理的で遅い選択）を持っています。例えば日本人の多くは、後者の文化に属するでしょう。

このような文化的な影響による差をなくす為に、選択をより中立的にして、太った男を犠牲にする代わりに、ボタンを押すように細工しました。その場合には、選択者の外国語の習得度が増えるに従って、外国語を使う効果は小さくなりました。

2014年現在で、英語を母国語とする人口は約3億4,000万人、英語が母国語ではない英語話し手の人口は約5億人と推定されています。国際会合では多くの人は外国語である英語を話していますので、より論理的な決定がなされている事が期待されます。しかし一方では、現代の私たちの人間性に関し、大きな問題を提起します。現代の世界化と英語化のお陰で、社会が匿名化し、人間性よりも客観性と公平さが要求される時代になってしまったからです。

翻訳は大切だし、とても難しい仕事です。ポツダム宣言が日本の降伏を呼びかけた時、公式発表では、

「日本人はその宣言を〝モクサツした〟」

でした。しかしアンナ・アスレイニアン女史によれば、この動詞〝モクサツした〟は「沈黙でもって殺す」や「何の注釈もしない」などの他に、

「沈黙の軽蔑でもって処理する」

の意味も含みます。アメリカ人はこの最後の解釈を取って、挑戦的な侮辱だと解釈し、広島の原爆に到るのを助けました。

私の印象では日本人は降伏したかったのですが、内気ではっきりと言えなかったのではないか、と思いますが、何れにしろ、1つの

文化を持つ言語を英語に翻訳するのは難しく、絶対に同じ意味にはならず、誤解は大きな不幸を齎(もたら)します。

　フランスのある物理学者によれば、

「ヘーゲルやハイデッガーの書物の翻訳はとても難しい、とされてます。世界が、いま世界中の大学で使われているグロービッシュで話し始めたら、その世界は、自国語を話す日本やフランスと同じようには考えなくなるでしょう」

　1968年の5月革命で学生の指導者になって名を成したダニエル・コーン－ベンデイットはユダヤ系ドイツ人の両親がドイツを逃げ、フランスで生まれてフランスで教育を受けた人間ですが、哲学ならドイツ語の方が表現しやすく、政治理論ならフランス語の方がやり易い、と言っています。

　初めに言葉があった。これは聖ジョンの福音書の始まりです。実際には言葉の他に、音楽もあったと思います。言葉と音楽は切り離せない文化で、人が存在する所には、原始時代から、必ず存在したものです。言語と音楽はどの社会にも存在する。両者に違いがあるとすれば、言葉だけが真の主張や提案ができる点です。

　英語は言葉が短く、音楽でも旋律が優位に立ち、ある意味では歌詞や詩は二の次になりますが、フランスの歌は言葉が大事で、詩を朗読するのに旋律を合わせた、という格好になります。ジャック・ブレルやジョルジュ・ブラッサンスの歌を聞けば、その特徴がよく分かります。

　あるフランス人の先生がアメリカ人に、こう言ったそうです。

「アメリカ人は "to do"（なす為）と "to have"（得る為）に生きていますが、フランス人は "to be"（存在する為）に生きています」

　実に詩人マイケル・エドワーズ氏の話からも想像できるように、フ

ランス人にとっては、理想は常に現実より重要で、美しさは事実より大切なのです！

　一般に人間の脳は、音楽は左脳が、言語の学習は右脳が分担すると言われています。しかしアジア人には左脳と右脳の機能分担は西洋人ほどはっきりしていません。難読症に関しても、漢字を読む東洋人とアルファベットの西洋人では脳の働く箇所が違います。学習に関しては、母国語と外国語を学ぶときで、用いる脳の部分が違う。既に1978年に、東大神経科の角田博士が発表しました。

「日本人の脳左右の分担が西洋人のそれと異なる、日本人の脳では、外国語の学習は左脳でなされている」

　その後、角田博士は更に発表しました。

「カナと漢字という２つ言語体系を用いる日本人は、言語用に１つではなく、２つの言語領域を持っている」

　ル・モンド紙のフォットリノ氏によると、

「日本人には、カナを使うときも漢字を使うときも、左脳の働きが主体になるが、漢字を読むときには視覚を増すために右脳の助けが必要になる」

　つまり日本人は、日本語の為に２つの脳を使う訳ではなく、同時に２つの言語体系を調節しなければならないのです。その違いは、母国語を使うときと外国語を習うときに使う脳の部分が違う、という事実を思い出させます。そのような事実は脳を磁気共鳴反応により活性化したときの、活性化された血流の域を画像化することで分かります。言葉を学ぶ機能は生まれながらにある訳ではないので、教育の間に形成されます。

　更に、イスラエルのショハム教授らの研究によると、ある母音が発音されると、特定の脳細胞だけが活性化され、他の母音が発音さ

れる場合は不活性のままに残るそうです。日本語では音節ごとに母音があるので、日本人の脳は1音節ごとに異なる脳細胞が刺激され、早く疲れるのではないか、と心配されます。

　その他に、学ぶのが外国語であるという問題もあるそうです。日本人が知識を増やすために過度に外国語を使うと、自分の脳を創造に向かない方向へ使ってしまう、という恐れ。子供は社会や家族の雰囲気に馴染むだけで、親の言葉を自然に学びます。その後に読み書きを学びますが、そのためには努力が必要となります。シャンジュー教授によると、

「人間の脳の発展期間は動物のそれに比べて比較的に長く、作られつつある脳の記憶網の中に、母国語から切り離せない痕跡が残される」

　更に、

「個人的な習慣や社会慣習や道徳観もそこに残され、それらが人間の個性や特徴の形成に貢献する」

　そうすると、どの時期に英語を習い出すかは、非常に重要な問題に思え、少なくとも個人の創造性のためには、この形成期より後の方がよいように思えます。

「創造性」の研究者達によると、日本人の創造力は、明治維新いらい衰えて来たそうです。その点では、角田博士は、こう警告しています。

「それは日本人が外国からの知識を得るために外国語を過度に使用し、創造性に向かないことに脳を使いすぎているせいだ、とも考えられる」

　つまり我々の脳は、文化を反映する訳です。言葉ばかりか、我々の価値観によっても脳は影響される。心理学者アムバデイ女史は、こ

う言っています。

「日本人は服従的な構図の人の図を見ると脳の関連部分が活性化され、アメリカ人は支配的な構図の人の図を見たときにそうなる」

　言葉は所属感からも切り離せません。貴方と同じ言葉を話す人達は、貴方を自分等と同類項なのだ、と推定するでしょう。言葉が難しく、少数派であればあるほど、その気持ちは強いと思います。しかも、言葉はそれを話す人の生き方や考え方を作ります。その言葉が疎かになれば、世界を理解する1つの体系が消えることにもなりかねません。

　ここで、言葉が人の考え方を形づくる例を探してみました。最近の研究によると、ある物に名前を与えることは、それを知的に分類することを助ける。白人と黒人と言う言葉を作ったお陰で、人類を白人と黒人に分け、どちらにも入らない人を黄色人と呼ぶようになりました。しかし白人の中に、本当に色の白い人は何人いるでしょうか。アジア人を黄色人種と呼ぶのもおかしい。実際、16世紀に日本に来たポルトガルのフロイス神父は日本人を白人とみなしていました。⁽¹⁷⁾確かに日本の女性は、陽に焼けたポルトガル人よりよっぽど色が白い。つまり、白人という先入主を含む言葉が、事実から逸れる我々の考え方を作ってしまったのです。

　また、言葉は色の識別を助けます。日本の交通信号は赤、黄、青と分類されていますが、この黄と青は実は「オレンジ色」と「緑」に当たると思います。ヨーロッパの信号では実際に「赤」「オレンジ色」「緑」と分類します。

　だけど、日本語の「青」は、伝統的には「青と緑」を指す、と聞いた事があります。野菜は本当は緑色なのに、日本では「青野菜」と言います。つまり、幾つかの「緑の物」は、異なる言葉（薄緑、黄

緑、青緑など）で表現されており、「青」は幾つかの野菜と緑信号に
あてがわれている、とも言えます。悪いことに、日本の緑信号は、西
洋人の眼には少し青っぽいのです！

　更に、ある物が空間の中心にあるか端部にあるかという空間的な
位置の認識でも、言葉を使うことが無意識の内に容易にするそうで
す。加えて、日本語で言う黒マグロは、フランス語では赤マグロ、英
語では青ひれマグロと呼ばれます。黒マグロに慣れている日本人に
は、赤マグロや青マグロと呼ばれれば、せっかくの刺身も美味しさ
が減ってしまうでしょう。

　1つの同じ言葉での定義がそれほど人間の感覚に影響するのなら、
言葉の違う日本語で考えるか、英語で考えるかの差は、もっと大き
く人間の感覚や感性に影響することでしょう。

　例えば日本語で、こう言うとします。

「シャンゼリゼを下って行って、左側の家です」

　仏語なら、次の語順で言うのが普通でしょう。

「左側の家です、シャンゼリゼを下って行って」

　英語で言う場合は、後者の仏風の言い方が普通かもしれませんが、
前者の日本風の言い回しをしても奇異には感じないでしょう。

　私はこれらの言葉の構造の違いは、人間の性格に本質的な違いを
創りだすような気がしてなりません。人間の考え方、観察の仕方、反
応の仕方、理性の働き方、などを決定的に変えてしまうような違い。

　ベルグソンが述べたように、観光客はノートルダム寺院に入ると、
そこで見るべき物の説明本を開きます。しかし本を読むのに気をと
られて、自分がわざわざ見に来た美しい物を忘れてしまう。我々も
同じで、読むという形式を追うあまり、心の導きに従って実存する
物に触れるという経験もせず、旅行を続けるのです。つまり、言わ

れることや書かれていることに心を集中し、本質をないがしろにする。我々の感覚は、既製の考えを受け入れ、ある指導の下に生きることから始まるようです。ベルグソンの言いたいのは、重要なのはそうでなく、自分の考えで、生きている物を見ることです。

　外国語を学ぶことには、本質的に同じ様な問題が生じるように思います。日本語が母国語の人が、英語を学んだ、とします。その人が英語を読んだり聞いたりしますと、案内書を読みながら芸術品を理解しようとする人と同じ心情となり、読むのと理解するのに一心となり、肝心の英文著者の心への理解は疎かになります。そんな情況を避けるには、日本語か英語のどちらかを、日本人なら容易な方の日本語を、それを完璧に習得し、英語の方は心の趣に従い、趣味として鑑賞する位の気持ちの方がよいのではないか、と思います。

　自分の生まれながらの言葉で表現するときは、言葉を考えに合わせますが、外国語で表現するときは考えを言葉に合わせる、と言えるかもしれません。

　ここで、いま流行りの絵文字の事を思いました。

　何千年も前に、エジプト人は最初の象形文字を発明しましたが、現代には絵文字がそれを復活して絵に基づいた書式を使うようになりました。幼稚な表現法に思われますが、実はそうではなく、トム・スタンデージ氏によれば、１つの表敬文字は幾つかの意味を持っています（日本語の「かみ」が神や紙や髪を表すように）。例えば口は単に口を表す他に、方向をも示します。異なる言葉が同じように発音される事もあります。方と型みたいに。つまりいくつかの象形文字を組み合わせてどのように読まれるべきかを示し、あらゆる単語を書くことができたのです。

　表意文字による表現 (Ideograph) とは、抽象的な表現 (No smoking;

Don't light up）を言語とは本質的に関係のない、例えば「絵」（煙草に棒線を引く）で示す場合だそうです。そうすると、中国語は、よく言われるような「表意文字」（Ideogram）ではなく、「略符文字」（Logogram、ドルが $）に相当します。ロゴグラフ（Logograph）とは、ある言語の中の特定の単語をグラフ的な表現で示す場合です。

　昔、天文学者ガリレイはこう言いました。

「宇宙は数学の言葉で書かれており、その字は三角や円や他の幾何的な形であり、それら無しでは一言さえ理解することはできない」

　これなんか、絵文字を思わせます。

　絵文字では、そこまでは行けないかもしれません。正確に何を言いたいのか、分からない事も多いと思います。しかし、言葉では表しにくい感情や感性を字で述べる代わりに、描くだけで示すことができます。そして象形文字に比べて、誰でも使えるし、理解できるのです。哲学者ルドヴィック・ヴィットゲンシュタインに言わせれば、言語は絵を調節したものです。アルファベットと違って、絵文字は誰もが簡単に無限に作る事ができます。デイジタル時代に打って付けのものです。

　問題は、抽象的な観念（神や哀れや美しさや道徳や倫理）をどのように表すか、でしょう。例えば、貴方の愛犬が貴方の靴を粉々にし、眉を下げて顔を地面に垂らしている絵を見ると、貴方の犬が貴方のなけなしの靴を台無しにしたのを恥じ、その事をあなたに大人しく説明しているのが分かります。

　英国作家クリストファー・カルドウエル氏によれば、

「英語を世界の共通語として用いることは、英語を母国語として用いる５億人に不当な利益を与えるが、世界各地から異国情緒のある、各文化の花である人を招き、グロービッシュで東京やパリやスペイ

ンで教える事は、文化の違う若者たちを変化のない大人にしてしまう。言葉が頭の働きや考え方を作るものであり、英語の広まりは、別の考え方をする力を限定してしまうだろう」

　既に述べたように、チム・パークス教授は、今は世界の40億人が英語を理解する、という事実を基に、

「現在の作家は自分の作品が英語への翻訳し易いように書くという傾向がある。つまりこれらの作家は既に自分の言葉で翻訳を行っている」

　と指摘しました。教授は、文学的な変化がなくなるのを懸念しています。他の多くの良心も危惧を示しています。

　ミッシェル・セール教授は、

「自分の生まれ言葉のガストン語（フランスの方言）が死んでしまったのは、ある日、その言葉で全てを述べる事ができなくなっていたからだ」

　と言い、更に付け加えました。

「生きている言葉は、北海に浮かぶ氷山の、海から出ている部分に過ぎず、その部分は日常言語の単語が代表している。しかし重要なのは海に隠されている部分、つまり、全体の専門言語である。生きている言語はこれら専門言語の合計で、生きた言語がそれら資料体の1つか2つを失うと、潜在的に死んだことになる。英語で教える事は、これら資料体が消える事により、言語で全てを言えないような植民化された国に導くでしょう」

　本人はアメリカのスタンフォード大学で哲学を教えていますが、講義はフランス語でやっているに違いありません。なぜなら、哲学を表現するには、どうしても自国語を使うのが必要だからです。

最後の砦、日本語

　ある英国誌は、ケネデイ大統領がド・ゴール大統領と直接に会話しようと思い、暗殺される時までフランス語を習っていた、という逸話を挙げ、それは判断の誤りだと断定しています。

「貴方がある言葉を学ばなければならないときは、貴方の無視していた自分の言葉を選びなさい、そして貴方の表現の明瞭さで相手の落着きを乱しなさい」

　確かに表現が明瞭であれば、通訳は間違いなく貴方の考えを相手へ伝えてくれるはずです。

　英語や外国語を使うときは、どうしてもその国の人には勝てません。例えば現在フランスでは将来の中国の発展を見越して中国語を学ぶのが流行り、場合によっては小学生や中学生のときから中国語を学ばせます。しかし考えてもご覧なさい。フランスには100万人に近い中国系のアジア人がいます。私が小学校から中国語を学んだとしても、生まれながらに中国語を話している彼等に敵う訳はありません。

　先に触れましたが、一神教の神様は、人類が1つだけの言葉を話していると、天に届く塔を造ろうとするから、そんな思い上がりを罰するために人類の言葉を幾つにも分散させました（聖書の創世記の11章）。つまり神様は既に、人類が地上に存在し始めた6万年前に、言葉の違いで人間を苦労させることを考えたのでした。言葉による全体主義への陥落を諫めたものとも言えます。

　日本人は日本語を軽視するより、外国人が日本語に興味を持つように仕向けてみませんか。そのためには、日本語に魅力を感じさせ

ねばなりません。そんな夢物語は、悪魔の使う日本語には不可能？ しかしパリでは、既にそんな現象が起こっています。オペラ座近くの日本書店では1階は日本の普通の書店と変りありませんが、地下へ降りて行くと驚き。そこには漫画が揃えてあり、何人ものフランス若者が通路に座り込んで漫画を読んでいます。彼等は漫画の「？」や「！」の付いた短い日本語を覚えるのに一生懸命なのです。

　また、カンボジア系フランス人が、パリのオペラ座近くでカラオケ・バーを経営しています。夕方の7時、若いフランス人達が建物の入口で列をなしているので、私も友人と一緒に若者の列に入ってみました。地下に下りると幾つもの個室があり、フランスの若者達が日本製ヴィデオを前にウオーとかヤーと声を上げて歌っています。フランス人の性格か、どの部屋も戸を開けたままで反響は凄いもの。通りがかりの部屋の中から若者に誘い込まれ、中に入ると20人位の若者達が日本語字幕のついたカラオケ画面を眺めながら大声で歌っています。

「日本語を読めるとは素晴らしいですね」

　と訊きますと、一人が答えました。

「いや、全然読めない。でも恥かしくない。ぜんぶ暗記しているから」

　食事に関しても今では、若者達は日本の料理の名前を日本語で知っています。英語へ訳すと分かり難くなるだけですからね。考えてみると、柔道や空手の技も全て日本語で表現されます。文化の力が言葉を運ぶ訳です。

　しかも最近、パリ大学の国立東洋言語文化院で、日本語科の生徒数が再び中国科のそれを追い越したそうです。中国の経済力が伸びるに連れて、数年前から中国語科の生徒数が日本語科のそれを追い

越していたのですが、結局は日本の文化、映画や文学や漫画やアニメが中国の経済を押さえたのです。

　これらは日本語が素朴な「伝達の言葉」として使われている例で、真面目な交流ができるような日本語の水準ではありません。でも、平均的な日本の方が10年近く英語を学んだ後、偶々東京の路上で外国人に話し掛けられて交わす英語と本質的には違わないようにも思います。何れの場合も、言葉は先述の「学力の言葉」としてではなく、単なる「伝達の手段」として使われているからです。

　クリエ・アンテルナショナル誌は、諸外国の報道文の中から、フランス語にない表現を探してみました。現存する言語の4％を世界の人口の97％が話す世界で、西洋語、スラヴ語、アフリカ語、東南アジア語、インド語などを網羅して発見された84語の内、日本語は11語を占めました。中国語が4語、米国語は3語しかない事を思うと、それは、とても多い数です。それらを挙げてみますと——

　ネンス*：同性の者を、心を動悸させ、優しく思う事。

　壁ドン：男の子が、女の子に接吻するかのように体を傾け、右手で壁を押しながら彼女を壁に押し付け、彼女の眼を見入る、そんな動作。

　過労死：日本で法律的に認められている以上の残業をして、働きすぎで死ぬ事。

　腹芸：口頭でない、内臓による、直接的でない取引。

　アー、ウン：非常に親しい友人の間で初めと終わりに使う言葉のないやり取り。

　居眠り：通勤電車や飲食店や学校や会合で、その場で眠る事。

　オグ*：麺を冷やす為にフォークに小さな扇風機を付けるような、役に立っても使いようのない事物を発明する芸。

ネトウヨ：ネットと右翼の組み合わせで、極右のインターネット愛好者で、外国人、特に中国人と韓国人を猛烈に非難しながら仮想共同体の中を徘徊する者。

ノミニケーション：飲むとコミュニケーションを合わせたもので、1杯飲みながら関係を深める事。

ケンショ*：自己の性格に目覚め、閃き、深く意識した状態。

テンデンコ：津波の最初の兆候があり次第、できるだけ早く高台へ逃げる事。

　　　（＊の3語に関しては、著者には語源的な追跡ができませんでした。）

　私の考えでは、その他にも、「森林浴」（自然の中にいる事から得られる寛ぎ）や、「生き甲斐」（存在する理由、生きる喜び、本質に向く必要性を同時に意味する）、または「哀れ」や「ワビサビ」「カラオケ」なども、なかなか翻訳できない言葉でしょう。

　日本語の単語がオックスフォード英語辞書に現れた最初は、1577年の「公家」らしい（金城学院大学・土井俊氏）。そのあとは絵文字、折り紙、カラオケ、大君、空手、柔道、旨味、ダシ、ボケ、金つぎ、アニメ、コスプレイ、漫画などなど。多くは、庶民文化（日常生活の語彙）の中に見られます。

　しかしそれには限られません。他人の注意を喚起したい時には、専門技術でも日本語が使われる事があります。母音が多くて、よく目立つからです。2019年にアメリカの学者たちが4個の人口塩基を合成して、8文字の人口遺伝子を作った時には、「ハチモジ」と言う日本語の名を付けました。あるいは、これは日本人の研究者ですが、新しいタンパク質群を発見し「ジュウモンジ家族」と命名し、今ではその言葉が汎用されています。

　著名なガン研究者のアクセル・カーン氏が言ったように、言葉は

我々の考えの構造を作るものであり、科学や文学や哲学の分野で、高品質の作品を創造するのに必要なあらゆる繊細さを充分に発揮できるのは、母国語で考える時だけです。

　例えば、英語の"cold"は日本語では「寒い」の他に「冷たい」の意味もあり、両者の使い方は大いに違います。他人に使う場合には「寒そう」や「冷たそう」とも言えます。

　英語の"hot"でも、日本語では熱い場合や暑い場合があり、使い方は明らかに違います。更に言えば、英語の"warm"でも、日本語では「暖かい」場合や「温かい」場合や、下手すれば「ぬくもった」場合や「ぬるい」場合まであるでしょう。このように、日本語はとても豊かなのです。

式部よ眼を覚ませ、皆の気が狂ってしまった

　日本人は外国人特に西欧人の顔を見ると、本能的に、英語で話さねばならないような義務を感じるようです。今までの英語への莫大な投資の成果を見たいせいかもしれません。残念ながら、このような稀な機会に試せるのは「考える言葉」としての英語ではなく、「伝える言葉」としての英語に過ぎません。

　英語を「伝達の手段」として学ぶ別の利点があるとすれば、今までになかった国境のない世界へ、フェース・ブックや諸々の社会網を用いてインターネットの世界へ入れることです。でも、そのための英語の水準はご存知でしょう。小学校のときから腰を据えて学ぶ水準の英語ではない。そんな英語を習得するために、日本が小学校の幼年時から無数の時間を費やすのは、むしろ愚かに思えます。日

本中の若い頭脳を消費して学ぶのが「伝達の手段」としての英語に過ぎないとしたら、その効率の悪さは、旧ロシア連邦が昔の制度を使って経済を振興させようとするのに匹敵するでしょう。日本人が「伝える英語」に過ぎない英語への幻想を棄て、そのために払う努力を、もっと得意な分野、例えば数学や国語や漢文や図画や音楽や詩作に費やしたら、それは誰にも朗報となります。

　日本では小学校３年生からローマ字を学び、５年と６年には英語を週に１時間、中学校からの６年間は毎週３から５時間は英語を学ぶと聞きました。別の統計によると、中学校を終わるまでに平均して８年の英語の学習をし、総計では 1,000 時間以上となるそうです。その他に補習校での英語の勉強があり、東京には既に 1990 年に 700 以上の英語学校があったそうで、これはイングランド全体にある英語の学校と同じ数だったそうです。

　ひとつ考え方を変えてみませんか。幼い子供達を、誰も彼も英語に向く性格にしようとするのがよいことか。外国語に関しては、基礎教育を与えた後は、続けたい生徒にだけ習わせる。そのためには、生徒の将来をもっぱら英語力の試験で篩い分けるという単一的な考えを棄てる。欧州では、言葉を話すだけでは仕事を見つけるのさえ覚束かないのです。従って、例えばフランス語をやるにしても、フランス語と仏の経済市場というように、組み合わせた専攻をする学生が増えてきました。

　さて、上記のように絶え間なく変態を続ける英語に、日本の子供達が柔らかく感性の高い頭を投資するというのは由々しき問題。平均的な日本人にとって英語は、時々巡り合う外国人と会話を交わせるための贅沢品に過ぎません。しかもそのような巡り合わせは年に何回あるでしょうか。英語で物を考え、論陣を張る機会は果たして

あるか。英語力は使う機会が少ないと、時と共に、年齢と共に退化して行きますから、幼い頃のあらゆる努力が水の泡となってしまう。日本人が概して不向きな英語に総人口を上げて膨大な時間を費やし、そのために「考える言葉」である日本語をないがしろにするのは、耐えられない間違いに思えます。最近は外国へ出たがる学生や社会人が減っているそうです。これは向いてもいない英語を、若い頃から否応なしにやらされたことへの復讐だと思います。過分な努力の後に、日本の田舎に住んで英語を一言も使う機会がなかったら、私も潜在的な外国敬遠党になると思います。

　私は、言葉の役割で最も高貴なのは哲学を表現することだ、と信じています。哲学は世界の将来を予想し、私達に別の道を教えてくれるからです。それを表現するには自分の言葉を持っていることが絶対に必要でしょう。哲学は自分の言葉でしかできない。言葉は文化、日本語は心。英語は平均的な日本人にとっては、永遠に単純な交流の手段でしかありません。

　下村寅太郎氏によると、フランス哲学は科学と相互関係にあり、常に明確さを探求しますが、イギリス哲学は政治経済と関係し、実践的な知性で実利性を求め、ドイツ哲学は神秘的で、高さと深さを求めています。ダリシエ氏ら(18)によると、日本哲学は「無」、無と言っても何も考えないのではなく、無を考え、その意味の豊かさを考える。又は、心の深さを儚さの感情の中で表現する。例え非理性的だとしても。これらは仏語、英語、独語、日本語から来る特徴でもあるようです。何と言葉が重要なことか。

　物理学者は哲学者になってもよかったような人が多く、先に触れたマルコ・ジト博士もそんな一人ですが、彼によると、
「ヘーゲルやハイデッガーの概念は翻訳が難しい。つまり人は、フ

ランス語を使うか日本語を使うかによって世界を同じようには考え
ない。言葉のお蔭で、厚さと歴史を持つ概念を通して、真実さを摑
むことができる。研究（正統的な科学も含めて）にとっても言葉は弱
みどころか、豊かさとなります。研究をグロービッシュに任せるこ
とは研究を貧しくすることに当たります」

　フランスは人口 6,000 万の小さな国です。少し我田引水になりま
すが、それなのにフランスは、数学分野のフィールズ賞（数学界での
ノーベル賞）と文学賞の受賞者は、人口当たりの数では世界一流の国
です。アメリカの幾つかの大学では数学科の学生はフランス語を学
ばされたそうです。それは 20 世紀末の話で、21 世紀になった今で
もそうなのかどうかは知りませんが。

　ジタ博士によると、昔のヨーロッパではラテン語を使っていまし
たが、既に述べたように、16 世紀、またはルネッサンス頃からは知
識人は民衆の言葉を使って新しい社会層に訴え始めました。これは
文化や科学を庶民に近づけ、思想を伝播して広げ、それらを豊穣に
しました。それ以来、科学は多文化や多言語を土台にした交流のお
蔭で進歩しました。

　そうです。それがラテン語の方言であるイタリア語やフランス語
やスペイン語の始まりです。それは文学ばかりか科学でも同じで、
ガリレイはイタリア語で書き始めました。ただニュートンはまだラ
テン語で書いていましたので、デュ・シャトレー女史はそれをフラ
ンス語に訳したことを思い出します。

　（大学で）グロービッシュを使うことは知識と大多数の民衆との間に
新しい裂け目を作ることになり、数世紀前の過去に戻ることになり
ます。そうすれば、科学と社会は失うものしかありません。

　それなのに日本の教育界は日本語の水準を維持することより、英

語を学び始める年齢を下げて英語力を上げることに一生懸命なようです。ただ、今までお話ししたように、日本人が幾ら一生懸命に英語を勉強しても、英語で生まれたアメリカ人には敵いません。日本の大学で英語を専攻して、アメリカに上陸する人の悲哀を考えてみて下さい。米国では英語は誰もが使う手段にすぎないので、その上陸者には特別の専門がないことになってしまい、しかも肝心の英語は幾ら努力してもアメリカ人には敵わない。残される道は、アメリカの大学で日本専門の研究者になるか、日本に戻って英語の先生になるかしかありません。

　私は、英語を学ぶのをやめよう、と言いたい訳ではありません。将来の科学者や経済人には、英語の書類を理解できる土台の学力はあった方が便利でしょう。そのためには、そんな必要性が生じたときに基になる位の基本知識を与えれば十分。誰でも必要が生ずれば、自分に合う英語を努力して会得するはずです。それ以上の教育は、英語が好きで才能のある少数に任せましょう。

　英語に合わない人は、別の学問、例えば日本語や数学に投資し、進学試験では英語に匹敵するボーナス配点を貰えるようにします。それが日本政府の目指す才能を伸ばす教育だと思います。

　逆に、英語国の人々と英語で対等にやり合うために、日本人を生まれたときから英語で教育する事も考えられます。地球化に合わせて日本語を放棄する訳です。既に明治維新の時に、文部大臣の森有礼（もりあり）（のり）が日本語を放棄して英語へ変えるという提案をしたことを思い出します。更にヤマイ教授によると、私の好きな志賀直哉は太平洋戦争の後の混乱期に、フランス語を国語とするという考えを発表したということです。その心は、日本が戦争に引き込まれたのは日本語が不完全で誤解を生んだからであり、今後はフランスみたいな文化

国家になりたいという願望が篭っていたそうです。

　そして2000年、日本が失われた10年の感覚から抜け出せないでいる頃、時の政府は、21世紀の日本の大目標として、英語を小学校から教え、英語を第2の国語にするという計画をしました。

　第2の国語とは何を意味するのかはともかく、今までに英語を国語として採用しようとして成功した国はありません。どこも失敗しました。

　オランダはドイツと英国の間に位置し、英語に最も近い、エルベのドイツ語の方言みたいな言葉を話します。そのせいか、オランダ人はバーテンダーでもバスの運転手でも、英語はペラペラ。そのオランダで1990年、英語を大学教育での公用語にする法案が出されました。しかしそんなオランダでさえ、法案は愛国者達の反対で流れてしまいました。オランダの隣国のベルギーは、フランス語圏とオランダ語圏で争いが絶えず、しばしば中立の英語が使われます。しかしどちらの語圏も、英語を国語にしようとは夢にも思っていません。

　英国の旧植民地のスリ・ランカやタンザニアは英語を棄てて、自国の伝統的な言葉を国語として採用しました。幾つかのイギリス旧植民地では、英語を副国語として使っています。インドやナイジェリアやシンガポールには幾つもの言葉や方言があり、国をまとめるために英語を使うのが便利だから。ところが、英語に達者な人のみがエリートになり、一般民衆から解離してしまうという弊害が生じます。他の民衆は他の才能があっても、英語が苦手ならエリートになれない訳です。日本にはそうなって欲しくないものです。ただ日本には、英語の能力だけで管理者に昇進させる企業があると聞きました。心配なことです。

実際上、英語を外国人として話す人の人口は増えていますが、英語を自国語とする人口はあまり増えていません。逆に、アイルランドはいわゆる英語国なのに、最近は昔からのエール語を復活させ、英語と並ぶ国語とし、終にエール語は欧州連合で使う国語の1つとして認められる迄になりました。英国でのウエールズ語の復活を思わせますね。

　話す言葉に比較して、国語の綴りを変えようとすると更に大きな抵抗があります。中国や日本や韓国が過去にそれを変えたのは、世界的には例外的なのでしょう。フランスではごく簡単な改善さえアカデミー・フランセーズが許さず、ドイツでは綴りを簡略にしようとする試みが新聞界から排斥され、ポルトガルのポルトガル語とブラジルのポルトガル語を統一する試みは前者の反対で水に流れたし、実利的なオランダでさえ、書き方を変更する試みは反対されてオジャンになりました。単なる発音と違って、書体の単語は語源を示し、最初の正しい意味を隠していますので、それを変えるには抵抗が強いのでしょう。

　それに比べて、「伝達の言葉」に過ぎない英語は絶え間なく変化します。既に世界では、新しい英語を作る運動が始まっています。日本人が現在の米国英語に熟練する時代には、それは既に骨董品になっているでしょう。そうすると、日本はまた新たな問題を抱えることになる。そのような状態を避けるには、自分の最も得意な言葉を中心に、自分を確立するしかありません。

　少数の語学向き人間を除き、平均的な大多数は、紫式部がひらがなを駆使したときの精神に戻り、使い慣れた「学力のための日本語」を使って、自分の得意な分野で、自由な気持ちで才能を発揮することが一番です。その目的では、日本人は小学校の終わりにローマ字

を学び、中学校か高校で英語か別の外国語を学び、将来の専門に適応できる程度の横文字の知識を得ておけば十分だとは思いませんか。

　ただ、今の日本の生誕率では、西暦 3500 年に達する前に、最後の日本人が地上から消えてなくなる計算となるそうです。日本語も静かに密やかに、マンシュー語と同じ運命を辿っているのかもしれません。

参 考 文 献

(1) G. Van GRASDORFF, *"A la Decouverte de L'Asie"*, Ed. Omnibus, 2008.

(2) S. PINKER, *"Words and Rules"*, Weidenfeld & Nicolson /Perseus, 1999.

(3) W.J. SUTHERLAND, *"Nature"*, 423, 276-279, 15 May, 2003.

(4) W. ENARD et al, *"Nature"*, 14 August, 2002.

(5) Q. ATKINSON, *"Science"*, 14 April, 2011.

(6) H. PENG, *"NTU Studies in Language and Literature"*, No.17, 1-42, 2007.

(7) E. BIALYSTOK, *"NY Times"*, 30 May 2011.

(8) W. PENFIELD & L. ROBERTS, *"Speech and Brain Mechanisms"*, Princeton University Press, 1959.

(9) H. WHITAKER et al, *"Ann. New York Acad. Sci."*, 379, 59-74,1981.

(10) D.K. OLLER, *"Proc. 4th Intl. Symp. On Biling."*, 1744-49, Somerville, MA: Cascadilla Press, 2005.

(11) G.H. YENI-KOMSHIAN et al, *"Bilingualism: Language and Cognition"*, 3 (2), 131-149, 2000, Cambridge University Press.

(12) D. SINGLETON and Z. LENGYEL, *"The Age Factor in Second Language Acquisition"*, Clevedon Multilingual Matters, 1995.

(13) N. CHOMSKY, *"Aspects of the Theory of Synthax"*, Cambridge, M.I.T., 1965.

(14) P. ROBERTSON, *"The Critical Age Hypothesis"*, Asian EFL Journal, 2002.

(15) R.I. MAYBERRY, *"Handbook of Neuropsychology"*, 2nd Edition, 8, Part II, 2002.

(16) K. NAKASHIMA, *"NIKKEI"*, 2 December, 1981.

(17) R.P. Luis Frois, *"Europeens & Japonais"*, 2009, Edition Chandeigne.

(18) M. DALISSIER, S. NAGAI et Y. SUGIMURA, *"Philosophie japonaise"*, Paris, Librairie Philosophique J. VRIN, 2013.

おわりに

　この本は影書房から出版した本の一部の『英語への旅』に加筆し、一葉社のご助力とご努力により、一冊の本にまとめ上げたものです。編集者の和田悌二氏と大道万里子女史には大きなご負担をおかけし、お礼を申し上げます。一部を掲載させて頂いた「神戸・東京ヴァイキング・クラブ」にもお礼申し上げます。

　私はフランス語と英語と、それに日本語やローマ字を混ぜて使い、私の連れ合い・内田謙二がそれを日本語でまとめてくれました。彼はそれなりに苦労した筈ですが、それは伴侶として当然の義務と思ったのでしょうか、あまり文句も言わずにやってくれました。それに日本語での情報も、連れ合いの努力による処が大きいのも一言しておきます。

　この本を書く為には、英国の週刊誌であるジ・エコノミスト誌がとても役に立ちました。この雑誌は〝経済人〟という表紙にも拘わらず、文化、政治、芸術など、あらゆる問題を取り扱っています。しかも各記事の著者は匿名で、出版社の共同責任として点検し合い、正しい情報を伝えるように努力しているかのようです。そのお陰で、著者名を入れる雑誌の記事によくある、独りよがりや誤解や誤判はほとんどないように思います。この雑誌の名は時にしか参照しませんが、その点をご承知おき下さい。

ジュヌヴィエーヴ・エルヌフ

増補新版 **英 語 へ の 旅**
——世界を席巻する言語の正体

2022 年 5 月 30 日 初版第 1 刷発行
定価　2200 円＋税

著　　　者　ジュヌヴィエーヴ・エルヌフ
補　訳　者　内田謙二

発　行　者　和田悌二
発　行　所　株式会社　一葉社
　　　　　　〒 114-0024　東京都北区西ケ原 1-46-19-101
　　　　　　電話 03-3949-3492 ／ FAX 03-3949-3497
　　　　　　E-mail : ichiyosha@ybb.ne.jp
　　　　　　URL : https://ichiyosha.jimdo.com
　　　　　　振替 00140-4-81176
装　丁　者　松本進介
印刷・製本所　モリモト印刷株式会社

落丁・乱丁本はお取り替えいたします。
ISBN978-4-87196-086-1

あなたを解き放つ——それが〈志縁〉

信濃毎日新聞記者
河原千春 編著

志縁のおんな
もろさわようことわたしたち

四六判・三五二頁 定価三〇〇〇円＋税

『おんなの歴史』や『信濃のおんな』で時代を拓き社会を瞠目させた女性史研究家——

一世紀近い歩みと唯一無比の言葉をとことん掘り下げ、その思想の根源性と今日性に迫る。

志縁のおんな
もろさわようことわたしたち

信濃毎日新聞記者
河原千春 編著

一葉社

ISBN978-4-87196-083-0　C0095　¥3000E

一葉社発行

世界中に／の歌を届けた比類なき歌手の遺著（ラストステージ）

横井久美子 歌手 グランドフィナーレ

歌にありがとう

誰もが大団円（グランドフィナーレ）を迎えて
拍手で送られますように
その念（おも）いを込めて歌手（わたし）はうたい続けた

横井久美子 著
四六判・上製・320頁＋カラー口絵
定価 2,200円＋税

ISBN978-4-87196-081-6　C0095　¥2200E

一葉社発行